KB205693

말씀을 심고 기도로 키우는

열매태교

초판인쇄 • 2023년 12월 10일
초판발행 • 2023년 12월 20일

지은이 • 권윤정 지은아
그 림 • 권율
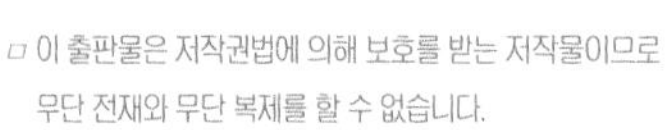
북프로듀서 • Mt.Moriah · Olives · Zion

발행처 • 비홀드
등 록 • 2019년 8월 2일 제409-2019-000037호
주 소 • 경기도 김포시 월곶면 용강로57번길 86 B동 2호
전 화 • 070 4116 4550
이메일 • beholdbook@daum.net
인스타그램 • www.instagram.com/beholdbook

ISBN 979-11-93179-03-1(03230)
값 18,000원

behold Behold, I am coming soon! Rev 22:7,12

말씀을 심고 기도로 키우는

열매태교

권윤정 지은아 지음
권율 그림

비홀드

들어가는 글

“내 안 어디에 이런 사랑이 있었을까?”

아이를 키우면서 가장 많이 질문해본 말입니다. 육아를 하며 크고 작은 여러 어려움을 만나기도 하지만, 마음에서 일어나는 이 행복감은 또 무엇인지요. 더 용감해지고 강해지는 나 자신을 발견할 때마다, 작은 한 생명의 삶을 세우기 위해 모든 필요를 채우고 한없이 헌신하는 사랑의 힘을 느낄 때마다 스스로 놀라곤 합니다.

사랑하는 남녀가 만나 가정을 이루고 생명을 잉태하는 일이 당연한 듯 보여도 하나님께서 태의 열매를 허락해주시지 않으면 생명을 잉태할 수 없습니다. 여호와께서 집을 세우지 아니하시면 세우는 자의 수고가 헛됨과 같이 말입니다(시 127:1). 저는 인공수정 세 번째 시술을 통해 결혼 5주년 기념일에 아이를 품에 안았습니다. 자녀에 대한 기대가 조금씩 희미해져 가던 제게 하나님은 태의 열매를 허락하심으로 생명을 잉태함도 주의 손에 달려 있음을 알게 하셨습니다. 제 간절한 소망을 이루어 주셨고, 여인으로서 가장 가치 있고 존귀한 일이 무엇인지를 양육을 통해 알게 해주셨습니다.

방긋 웃어주건 보채건 아이와 눈 마주치며 사랑을 나눌 때에 느끼는 기쁨과 행복, 그리고 몸이 아파 쉬 잠들지 못하는 아이를 애끓이며 바라볼 때에 더욱 주를 바라며 도움을 구하던 그 간절함들도 결코 아이를 갖지 않았다면 경험할 수 없는 엄마만의 특별한 행복임을 고백합니다. 자녀를 통해 가슴에 담기고 영혼 깊숙이 새겨지는 주님 닮은 아가페의 참사랑을 지금도 여전히 아이와 함께 배워가고 있습니다.

다양한 이유로 출산을 거부하는 이 시대 가운데 모든 두려움과 이기를 뛰어넘어 생명을 잉태하고 양육하는 참 기쁨이 가득하고, 세대와 세대를 이어가며 하나님의 사람들을 세워가는 거룩한 사역이 힘있게 전진해나가길 갈망합니다. 세상은 출산과 양육이 희생과 헌신을 요구하는 힘겨운 일이라고 말하지만, 자녀는 오히려 참다운 나를 찾고 세워가는 특별한 선물입니다. 자녀를 통해 주님의 마음을 배우고 주의 형상을 빚어가기 때문입니다. 복음의 유산을 이어받아 하나님을 나의 주로 고백하며 주를 영화롭게 하는 자녀를 보는 그 기쁨은 기꺼운 순종으로 감당할 수 있는 행복 담긴 헌신임을 고백합니다.

복되고 특별한 시간인 잉태에서 출산까지, 허락하신 태의 열매를 말씀으로 먹이고 기도로 키워가며 끝까지 붙들어 주시는 주를 더욱 바라고 의지하며 나아가길 원합니다. 자녀들을 위해 눈물자국 짙게 배인 흔적들을 통해 주님의 생명 다한 뜻들이 계속해서 이루어져 간다면 더 바랄 것이 무엇일까요. 자녀를 통해 하나님의 마음을 느끼고 참 사랑을 배워가며 천국의 기쁨을 누리는 건강한 가정들이 이 세대에 더욱 굳건히 세워지길 간구합니다.

이 책의 집필을 함께 해준 사랑하는 제자 지은아 사모와 비홀드의 집필팀 헤이필드, 그리고 어느새 청소년이 되어 곁에서 든든한 힘이 되어 주는 아들과 따뜻한 격려로 늘 힘을 주는 남편에게 깊은 감사와 사랑을 전합니다. 저를 붙들어 주셔서 주의 지혜로 글을 마치게 하신 하나님께 모든 영광을 올려 드립니다.

차례

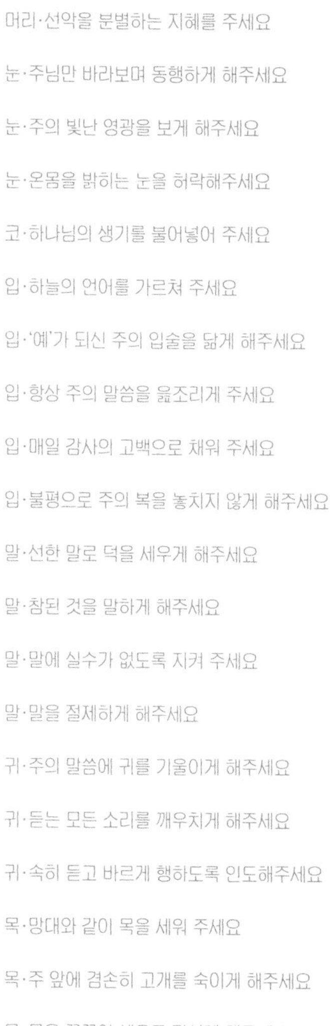

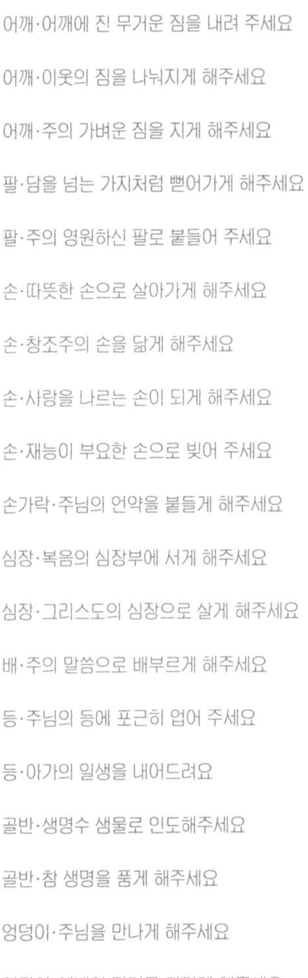

"보라 자식들은 여호와의 기업이요
태의 열매는 그의 상급이로다." 시편 127:3

열매태교는 말씀 중심 태교로 우리 아가의 머리부터 발끝까지 말씀의 갑옷을 단단히 입히고, 꿀송이보다 단 말씀으로 생기와 기쁨을 불어넣어 줍니다. 아름다운 신앙의 첫 출발은 태교부터입니다. 열매태교에서 만나는 각각의 사랑스러운 구성을 통해 세상이 줄 수 없는 평안과 아가와의 높은 친밀감, 그리고 하나님이 허락하신 태의 축복을 가득 누리세요.

① **주제:** 영혼, 손, 발, 탯줄, 출산 등 세분화된 주제를 나타냅니다. 원하는 주제를 자유롭게 찾아볼 수 있습니다.
② **제목:** 엄마아빠가 믿음으로 선포하는 중심메시지입니다.
③ **부제목:** 아가를 위해 주님께 간구하는 중심메시지입니다.
④ **중심말씀:** 엄마아빠가 합독하거나 암송하면 더 좋습니다.
⑤ **태교일기:** 손으로 직접 써내려간 일기, 편지를 통해 우리 아가만을 위한 책이 완성됩니다.

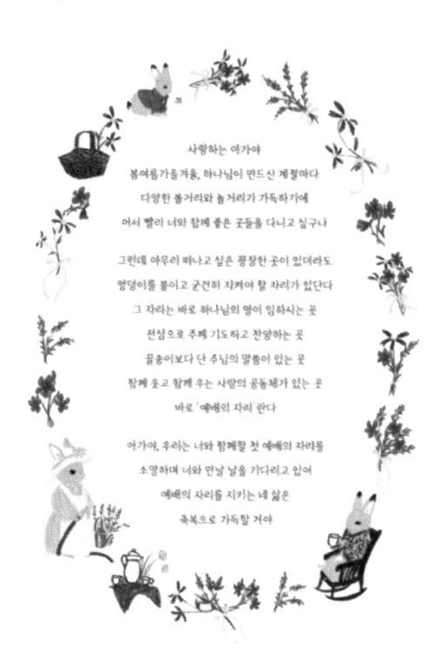

사랑하는 아가야
봄여름가을겨울, 하나님이 만드신 계절마다
다양한 볼거리와 놀거리가 가득하기에
어서 빨리 너와 함께 좋은 곳들을 다니고 싶구나

그런데 아무리 떠나고 싶은 평창한 곳이 있더라도
엉덩이를 붙이고 굳건히 지켜야 할 자리가 있단다
그 자리는 바로 하나님의 영이 임하시는 곳
전심으로 주께 기도하고 찬양하는 곳
꿀송이보다 단 주님의 말씀이 있는 곳
함께 웃고 함께 우는 사랑의 공동체가 있는 곳
바로 '예배의 자리'란다

아가야, 우리는 너와 함께할 첫 예배의 자리를
소망하며 너와 만날 날을 기다리고 있어
예배의 자리를 지키는 네 삶은
축복으로 가득할 거야

말씀태담: 외부소리에 점차 반응하는 아가에게 주님 안에 있는 가장 귀한 믿음·소망·사랑을 담아 엄마아빠의 목소리를 들려주세요. 사랑스러운 삽화를 보면서 아가와 대화를 나누면 감성 발달에 도움이 됩니다.

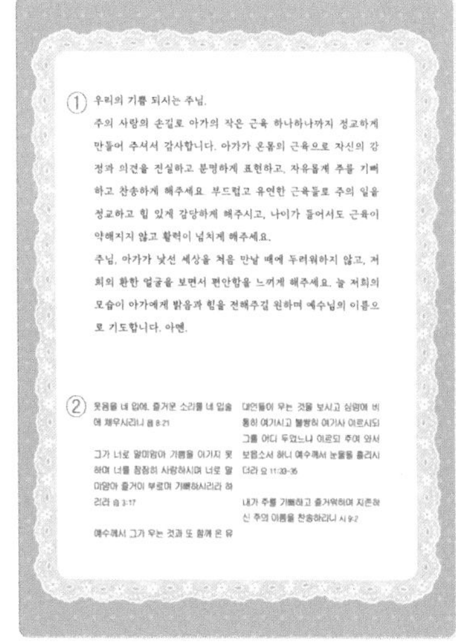

① 우리의 기쁨 되시는 주님.
주의 사랑의 손길로 아가의 작은 근육 하나하나까지 정교하게 만들어 주셔서 감사합니다. 아가가 온몸의 근육으로 자신의 감정과 의견을 진실하고 분명하게 표현하고, 자유롭게 주를 기뻐하고 찬송하게 해주세요. 부드럽고 유연한 근육들로 주의 일을 정교하고 힘 있게 감당하게 해주시고, 나이가 들어서도 근육이 약해지지 않고 활력이 넘치게 해주세요.
주님, 아가가 낯선 세상을 처음 만날 때에 두려워하지 않고, 저희의 환한 얼굴을 보면서 편안함을 느끼게 해주세요. 늘 저희의 모습이 아가에게 밝음과 힘을 전해주길 원하며 예수님의 이름으로 기도합니다. 아멘.

② 웃음을 네 입에, 즐거운 소리를 네 입술에 채우시리니 욥 8:21

그가 너로 말미암아 기쁨을 이기지 못하며 너를 잠잠히 사랑하시며 너로 말미암아 즐거이 부르며 기뻐하시리라 하리라 습 3:17

예수께서 그가 우는 것과 또 함께 온 유대인들이 우는 것을 보시고 심령에 비통히 여기시고 불쌍히 여기사 이르시되 그를 어디 두었느냐 이르되 주여 와서 보옵소서 하니 예수께서 눈물을 흘리시더라 요 11:33-35

내가 주를 기뻐하고 즐거워하며 지존하신 주의 이름을 찬송하리니 시 9:2

① **축복기도:** 부모의 축복과 간구로 아가의 영혼육을 튼튼하게 키우고, 엄마아빠도 함께 세움을 받으며 쉼을 얻는 기도문입니다. 태명을 넣어 기도하거나 성령님의 인도하심을 따라 부모의 기도로 이어가시면 좋습니다.

② **묵상말씀:** 기도문에 담긴 성경구절들로 더 깊은 기도, 응답받는 기도의 자리로 인도합니다. 말씀의 열매가 아가의 삶에 맺히도록 믿음으로 선포하며 묵상하세요.

너는 영원히 빛나는 생명이란다

영광의 빛으로 삼아 주세요

"내 이름으로 불려지는 모든 자
곧 내가 내 영광을 위하여 창조한 자를 오게 하라
그를 내가 지었고 그를 내가 만들었느니라." 사 43:7

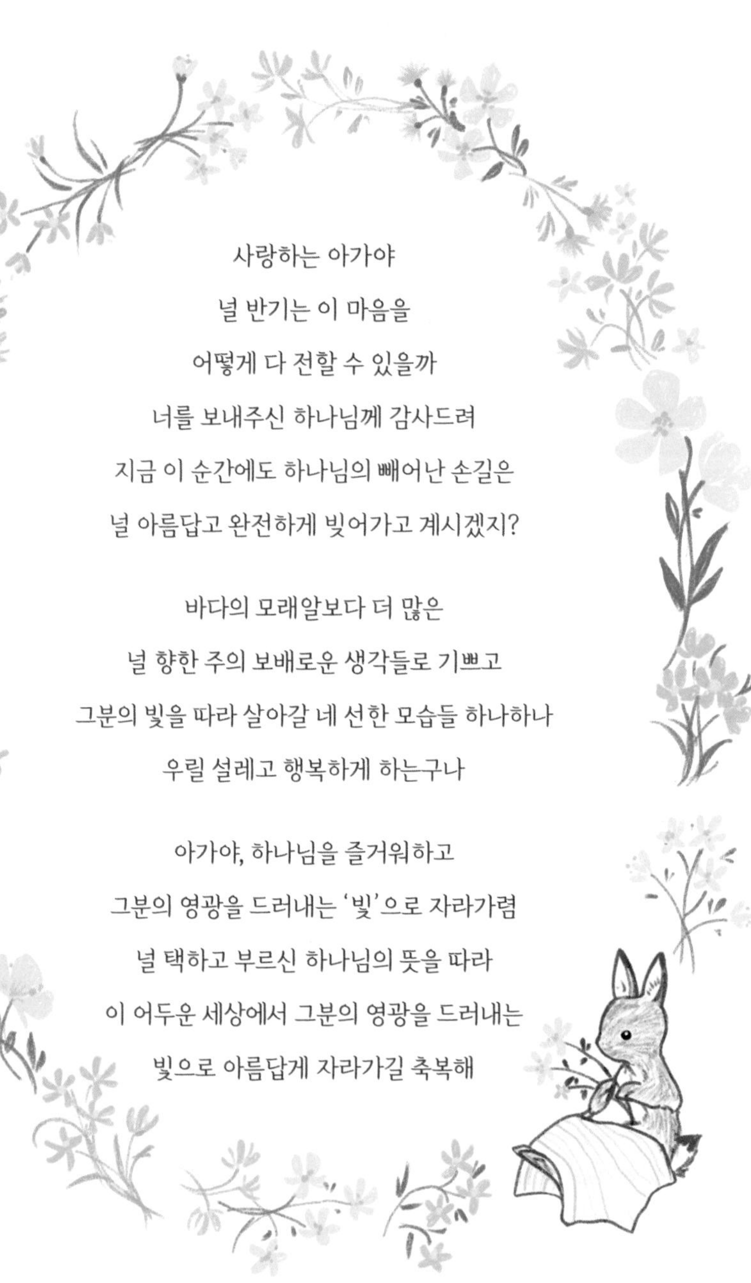

사랑하는 아가야
널 반기는 이 마음을
어떻게 다 전할 수 있을까
너를 보내주신 하나님께 감사드려
지금 이 순간에도 하나님의 빼어난 손길은
널 아름답고 완전하게 빚어가고 계시겠지?

바다의 모래알보다 더 많은
널 향한 주의 보배로운 생각들로 기쁘고
그분의 빛을 따라 살아갈 네 선한 모습들 하나하나
우릴 설레고 행복하게 하는구나

아가야, 하나님을 즐거워하고
그분의 영광을 드러내는 '빛'으로 자라가렴
널 택하고 부르신 하나님의 뜻을 따라
이 어두운 세상에서 그분의 영광을 드러내는
빛으로 아름답게 자라가길 축복해

생명의 주관자 되시는 주님,
저희에게 귀한 생명을 허락해주셔서 감사합니다. 소중히 품은 생명을 통하여 주의 지으심이 얼마나 기묘한지를, 주께서 행하시는 일이 얼마나 기이한지를 더욱 깊이 깨닫고 감동하며 주를 찬양합니다. 저희가 아가를 만나는 그날까지 주의 빛 가운데 거하도록 말씀으로 인도해주시고, 주의 이름으로 더욱 하나 되게 해주세요.
주님, 아가의 영혼이 주의 영광을 드러내는 빛이 되길 원합니다. 아가가 주의 보배로운 생각들과 돌보심을 매순간 경험하길 소망합니다. 주님의 영광을 드러내며 주님을 영화롭게 하는 삶을 살아가도록 함께 해주세요. 예수님의 이름으로 기도합니다. 아멘.

주께서 내 내장을 지으시며 나의 모태에서 나를 만드셨나이다 내가 주께 감사하옴은 나를 지으심이 심히 기묘하심이라 주께서 하시는 일이 기이함을 내 영혼이 잘 아나이다 내가 은밀한 데서 지음을 받고 땅의 깊은 곳에서 기이하게 지음을 받은 때에 나의 형체가 주의 앞에 숨겨지지 못하였나이다 내 형질이 이루어지기 전에 주의 눈이 보셨으며 나를 위하여 정한 날이 하루도 되기 전에 주의 책에 다 기록이 되었나이다 하나님이여 주의 생각이 내게 어찌 그리 보배로우신지요 그 수가 어찌 그리 많은지요 내가 세려고 할지라도 그 수가 모래보다 많도소이다 내가 깰 때에도 여전히 주와 함께 있나이다 시 139:13-18

너는 사랑하고 사랑받는 행복한 아가란다

사랑을 가득 부어 주세요

"예수께서 이르시되 네 마음을 다하고 목숨을 다하고 뜻을 다하여
주 너의 하나님을 사랑하라 하셨으니."
마 22:37

사랑하는 아가야

오늘 넌 얼마만큼 자랐을까?

널 향한 꿈과 소망들도 우리 안에서

너와 함께 자라고 있는데 한번 들어보겠니?

우리는 네가 왕이신 하나님을

온 마음과 지혜와 힘을 다하여 사랑하고

네 이웃들을 네 자신처럼 사랑하며 살아가길 소망해

사람들이 살아가는 모습은 제각각 다르지만

사랑하는 순간 제일 행복해 한단다

더욱이 하나님이 보이신 사랑을 따라 살 때

그 행복은 더욱더욱 커져만 갈 거야

아가야, 선을 행하고 섬기며 나누어 주고

함께 웃고 울어 주는 하나님의 사랑을 닮아가렴

너와 걷게 될 믿음의 날들 속에서

그 사랑을 함께 전하며 살고 싶구나

소중한 우리 아가, 오늘도 사랑해

영원한 사랑의 주님,

저희에게 새 생명을 허락하심으로 주님의 사랑을 더욱 묵상하고 경험하게 해주셔서 감사합니다. 아가가 세상 그 무엇에도 마음을 빼앗기지 않고, 오직 하나님만을 가장 사랑하며 이웃을 자신의 몸과 같이 사랑하길 원합니다. 하나님의 사랑을 굳게 믿으며 그 사랑 안에 거하도록 인도해주세요. 선을 행하고 나누어 주는 삶의 참 기쁨을 누리며 살아가게 해주세요.

주님, 저희가 사랑의 본이 되는 부모로 성숙해지길 간절히 원합니다. 주의 사랑으로 더욱 하나 되게 해주시고, 아가가 태 안에서부터 큰 사랑을 느끼며 안정적으로 자라게 해주세요. 하나님의 사랑이 필요한 세상에서 빛이 되어 많은 사람들을 주께로 이끄는 삶을 살길 원하며 예수님의 이름으로 기도합니다. 아멘.

둘째도 그와 같으니 네 이웃을 네 자신같이 사랑하라 하셨으니 마 22:39

하나님이 우리를 사랑하시는 사랑을 우리가 알고 믿었노니 하나님은 사랑이시라 사랑 안에 거하는 자는 하나님 안에 거하고 하나님도 그의 안에 거하시느니라 요일 4:16

선을 행하고 선한 사업을 많이 하고 나누어 주기를 좋아하며 너그러운 자가 되게 하라 딤전 6:18

이같이 너희 빛이 사람 앞에 비치게 하여 그들로 너희 착한 행실을 보고 하늘에 계신 너희 아버지께 영광을 돌리게 하라 마 5:16

너는 그리스도 안에서 지으심을 받았단다

지으신 목적대로 아름답게 해주세요

"우리는 그가 만드신 바라 그리스도 예수 안에서
선한 일을 위하여 지으심을 받은 자니."
엡 2:10

사랑하는 아가야
생명이 주는 신비함과 소중함이
우리 안에서 사랑을 일깨우고
애틋하고 경이로운 마음들이 어우러져
우리 또한 부모로서 자라게 하는구나

우리 아가는 어떤 모습으로 이 세상을 살아갈까?
거룩하신 하나님의 성품 중
무엇을 가장 많이 닮고
우리의 모습 중 무엇을 가장 많이 닮았을까?
아직 다 알 순 없지만 분명히 아는 한 가지는
그리스도 안에서 우리를 구원하신 하나님께서
너를 그분의 선한 일꾼으로 삼으셨다는 거야

아가야, 우리는 네가 행하는
모든 선한 일에 주께서 힘과
풍성한 열매를 주시길 축복해

선하신 주님,

새 생명으로 인해 애틋한 사랑을 경험하게 해주시고, 저희를 향한 주님의 마음을 더욱 알게 해주셔서 감사합니다. 아가가 자라면서 자신이 얼마나 소중한 하나님의 자녀인지를 깨닫게 해주시고, 지으신 목적대로 주를 영화롭게 하고 선한 일에 열심을 내며 살아가도록 인도해주세요.

주님, 아가를 통하여 하나님의 아름다우심과 선하심이 세상에 더욱 드러나길 원합니다. 아가가 행하는 모든 선한 일에 힘이 되어 주시고, 주님 앞에 합당하게 행하도록 인도해주세요. 늘 주님을 기쁘시게 하며 선한 일에 풍성한 열매를 맺는 생명의 삶을 갈망하게 해주세요. 복중에서부터 하나님을 아는 것에 자라게 하실 우리 주님을 높이며 예수님의 이름으로 기도합니다. 아멘.

이는 하나님을 믿는 자들로 하여금 조심하여 선한 일을 힘쓰게 하려 함이라 이것은 아름다우며 사람들에게 유익하니라 딛 3:8b

너희 마음을 위로하시고 모든 선한 일과 말에 굳건하게 하시기를 원하노라 살후 2:17

주께 합당하게 행하여 범사에 기쁘시게 하고 모든 선한 일에 열매를 맺게 하시며 하나님을 아는 것에 자라게 하시고 골 1:10

선한 일을 행한 자는 생명의 부활로, 악한 일을 행한 자는 심판의 부활로 나오리라 요 5:29

너는 하나님의 이름을 높이는 승리자란다

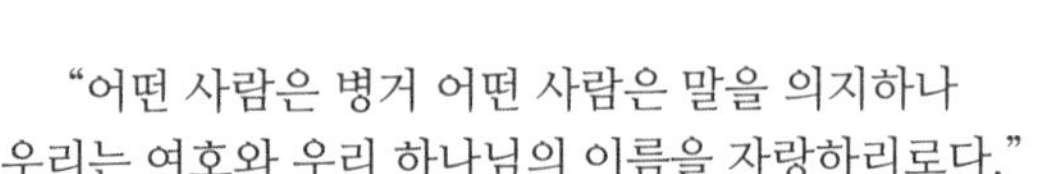

"어떤 사람은 병거 어떤 사람은 말을 의지하나
우리는 여호와 우리 하나님의 이름을 자랑하리로다."
시 20:7

사랑하는 아가야
자신의 소유와 힘이 아닌 주님을 신뢰하고
의지하는 사람은 가장 부요하고 강하단다
고난 앞에 두려워하지 않고
고난 뒤에 숨지 않으며
위기 앞에서 주의 이름을 부르는 사람은
주와 함께 어떠한 어려움도 잘 헤쳐 나간단다

우리는 네가 바로 이런 사람이길 바래
주의 이름만이 네 유일한 자랑이요 힘이 되고
주를 예배함이 네게 가장 큰 기쁨이 되길 바래

아가야, 네 기도소리가 우리 귀에
승리의 함성으로 들려질 때
우리는 네 소원을 이루어 주시는 주로 인하여
함께 기뻐하며 승리의 깃발을 높이 세우고
우리 하나님의 이름을 자랑할 거야

우리의 깃발 되시는 주님,

새 생명을 통하여 저희 가정에 주님의 이름으로 깃발을 세우게 해주셔서 감사합니다. 어떤 상황에서도 주를 바라고 주를 섬기며 주를 예배하는 가정으로 굳게 세워 주세요. 아가가 세상이 알 수도, 줄 수도 없는 하늘의 법칙을 배우며 자신의 삶을 아름답게 경영하고 주의 이름으로 승리의 깃발을 세우길 원합니다. 환난 날에 자신을 높이드시며 도와주시고 붙드시며 기억해주시는 주로 인하여 늘 기뻐 찬양하게 해주세요.

주님, 아가의 모든 간구에 귀 기울여 주시고 응답하여 주시길 간구합니다. 그의 마음의 소원을 허락하여 주시고 모든 계획을 주 뜻 안에서 아름답게 이루어 가도록 인도해주세요. 저희 가정이 주님 앞에서 승리의 개가를 함께 부르며 믿음의 길을 걸어가길 소망하며 예수님의 이름으로 기도합니다. 아멘.

환난 날에 여호와께서 네게 응답하시고 야곱의 하나님의 이름이 너를 높이 드시며 성소에서 너를 도와주시고 시온에서 너를 붙드시며 네 모든 소제를 기억하시며 네 번제를 받아 주시기를 원하노라 네 마음의 소원대로 허락하시고 네 모든 계획을 이루어 주시기를 원하노라 우리가 너의 승리로 말미암아 개가를 부르며 우리 하나님의 이름으로 우리의 깃발을 세우리니 여호와께서 네 모든 기도를 이루어 주시기를 원하노라 여호와께서 자기에게 기름 부음 받은 자를 구원하시는 줄 이제 내가 아노니 그의 오른손의 구원하는 힘으로 그의 거룩한 하늘에서 그에게 응답하시리로다 시 20:1-6

너는 하나님의 기업이란다

영원한 기업으로 삼아 주세요

"여호와를 자기 하나님으로 삼은 나라
곧 하나님의 기업으로 선택된 백성은 복이 있도다."
시 33:12

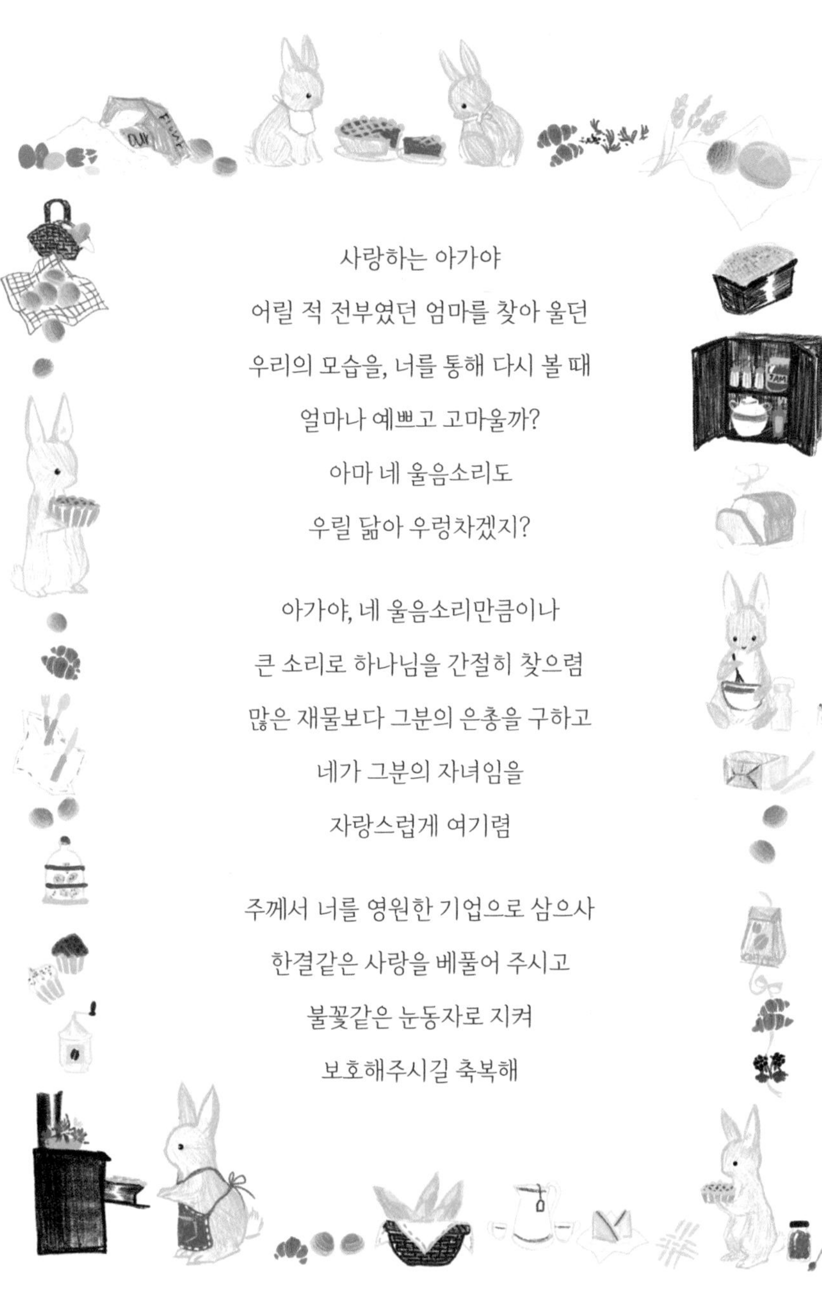

사랑하는 아가야

어릴 적 전부였던 엄마를 찾아 울던

우리의 모습을, 너를 통해 다시 볼 때

얼마나 예쁘고 고마울까?

아마 네 울음소리도

우릴 닮아 우렁차겠지?

아가야, 네 울음소리만큼이나

큰 소리로 하나님을 간절히 찾으렴

많은 재물보다 그분의 은총을 구하고

네가 그분의 자녀임을

자랑스럽게 여기렴

주께서 너를 영원한 기업으로 삼으사

한결같은 사랑을 베풀어 주시고

불꽃같은 눈동자로 지켜

보호해주시길 축복해

우리의 영원한 기업이신 주님,

저희 가정을 주의 기업으로 삼아 주셔서 감사합니다. 아가가 하나님을 자신의 기업으로 삼고 사는 자의 영광과 자신을 기업으로 삼아 주신 하나님의 놀라운 사랑을 늘 마음에 새기고 살아가도록 인도해주세요. 주님의 이름을 위하여 영광스럽게 살아가며 어떠한 어려움 앞에서도 뒤로 물러서지 않고 믿음으로 승리하게 해주세요.

주님, 아가의 마음의 눈을 밝혀 주셔서 자신을 부르신 하나님의 소망이 무엇이며 성도 안에서 누릴 기업의 영광의 풍성함이 무엇인지 깨닫게 해주세요. 세상 그 무엇보다 주의 기업과 교회를 사랑하게 해주세요. 복중에서부터 주의 백성으로 구별된 삶을 살아가길 원하며 예수님의 이름으로 기도합니다. 아멘.

내 심령에 이르기를 여호와는 나의 기업이시니 그러므로 내가 그를 바라리라 하도다 애 3:24

많은 재물보다 명예를 택할 것이요 은이나 금보다 은총을 더욱 택할 것이니라 잠 22:1

너희 마음의 눈을 밝히사 그의 부르심의 소망이 무엇이며 성도 안에서 그 기업의 영광의 풍성함이 무엇이며 엡 1:18

주께서 세상 만민 가운데에서 그들을 구별하여 주의 기업으로 삼으셨나이다 왕상 8:53

너는 가장 행복한 사람이란다

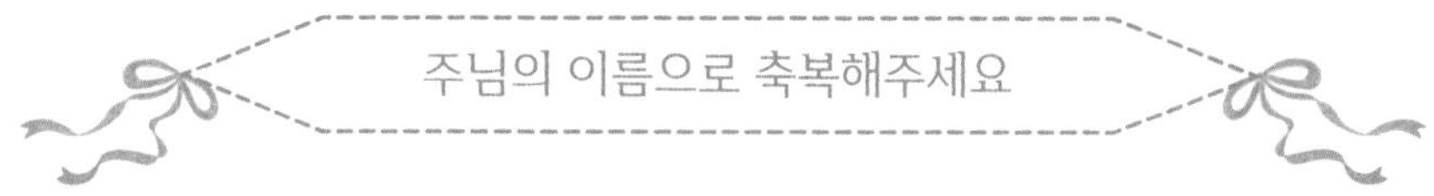

"이스라엘이여 너는 행복한 사람이로다
여호와의 구원을 너같이 얻은 백성이 누구냐 그는 너를 돕는 방패시요
네 영광의 칼이시로다." 신 33:29

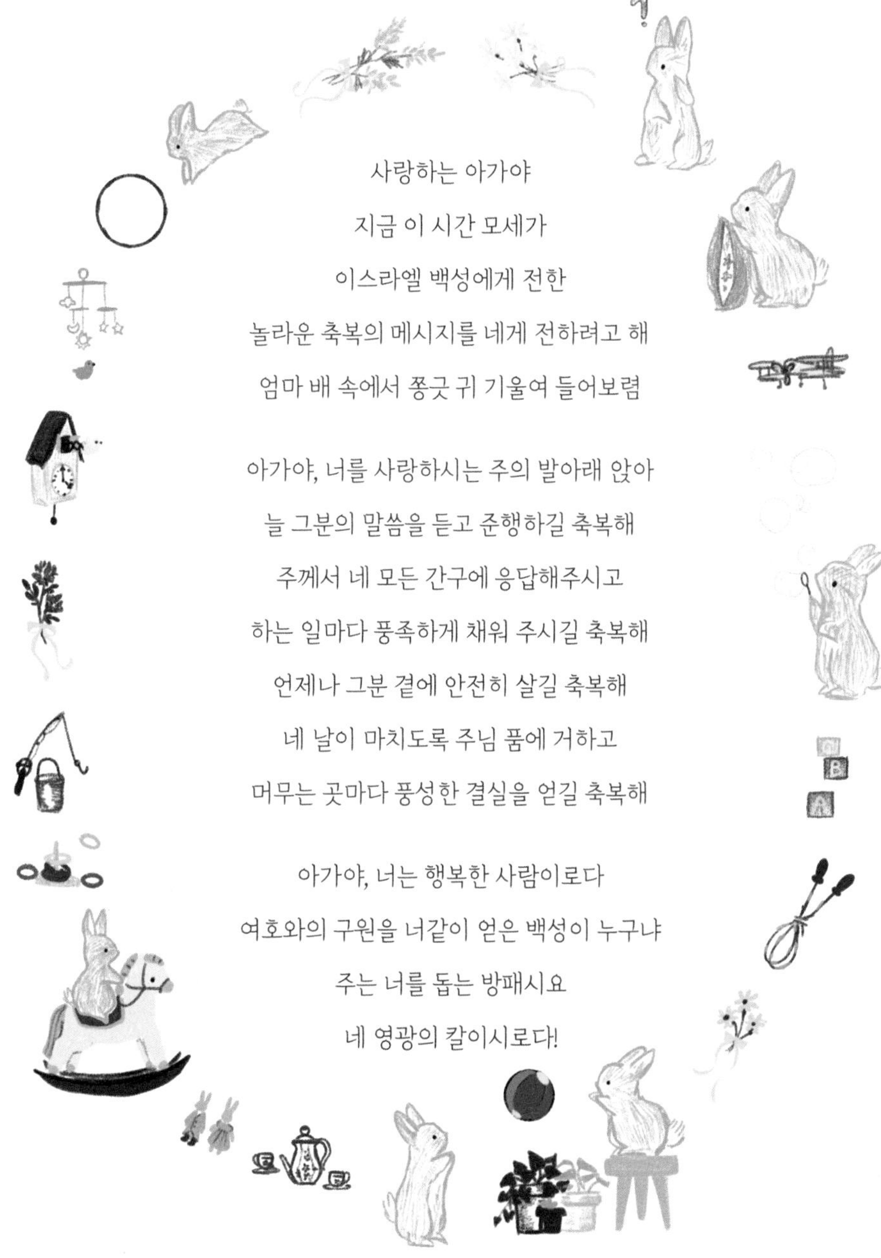

사랑하는 아가야
지금 이 시간 모세가
이스라엘 백성에게 전한
놀라운 축복의 메시지를 네게 전하려고 해
엄마 배 속에서 쫑긋 귀 기울여 들어보렴

아가야, 너를 사랑하시는 주의 발아래 앉아
늘 그분의 말씀을 듣고 준행하길 축복해
주께서 네 모든 간구에 응답해주시고
하는 일마다 풍족하게 채워 주시길 축복해
언제나 그분 곁에 안전히 살길 축복해
네 날이 마치도록 주님 품에 거하고
머무는 곳마다 풍성한 결실을 얻길 축복해

아가야, 너는 행복한 사람이로다
여호와의 구원을 너같이 얻은 백성이 누구냐
주는 너를 돕는 방패시요
네 영광의 칼이시로다!

복의 근원이신 주님,

이 시간 주님 앞에 겸손히 엎드려 구하오니 저희를 축복해주세요. 아가에게 기름을 부으사 태에서부터 성령으로 충만하게 해주시고, 주의 보혈로 덮으사 거룩하게 해주세요. 오직 주만이 영원한 기쁨의 근원이 되어 주시고, 주의 이름으로 사탄의 모든 권세를 깨뜨리게 해주세요.

주님, 저희가 약속의 땅에 들어갈 다음세대를 향해 간절했던 모세의 마음을 품고 매순간 아가를 축복하길 원합니다. 아가를 통하여 주님의 뜻이 이루어지고, 주님의 마음이 흘러가게 해주세요. 곧 다시 오실 주의 길을 예비하는 그리스도의 신부로 아름답게 단장시켜 주세요. 예수님의 이름으로 기도합니다. 아멘.

여호와께서 백성을 사랑하시나니 모든 성도가 그의 수중에 있으며 주의 발아래에 앉아서 주의 말씀을 받는도다 … 여호와여 유다의 음성을 들으시고 그의 백성에게로 인도하시오며 주께서 도우사 그가 그 대적을 치게 하시기를 원하나이다 … 여호와의 사랑을 입은 자는 그 곁에 안전히 살리로다 여호와께서 그를 날이 마치도록 보호하시고 그를 자기 어깨 사이에 있게 하시리로다 … 그가 너를 도우시려고 하늘을 타고 궁창에서 위엄을 나타내시는도다 영원하신 하나님이 네 처소가 되시니 그의 영원하신 팔이 네 아래에 있도다 그가 네 앞에서 대적을 쫓으시며 멸하라 하시도다 신 33장

네 영혼은 언제나 잘될 거란다

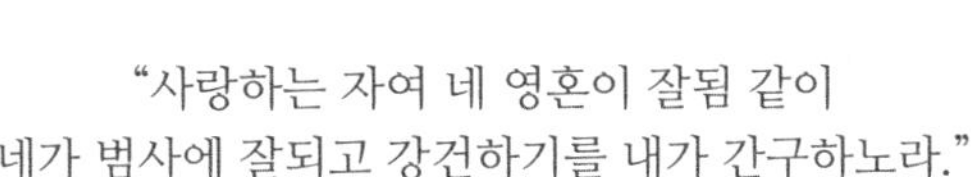

영혼을 깨끗하게 지켜 주세요

"사랑하는 자여 네 영혼이 잘됨 같이
네가 범사에 잘되고 강건하기를 내가 간구하노라."
요삼 1:2

사랑하는 아가야

우리는 네가 이 험한 세상에서

네 영혼을 잘 지킬 수 있도록

너와 함께하며 사랑으로 돌봐줄 거란다

네 영혼이 진리에 순종함으로

늘 깨끗하길

우리의 참 주인이신 주님께서

네 걸음을 인도해주시길

간절히 구할 거란다

너를 살피시며 네 이름을 아시는 주님께서

네가 가는 길을 은혜로 이끌어 주실 것을 믿어!

아가야, 네 영혼이 평생토록

주님을 찬양하며 기뻐하고

네 영혼이 잘됨 같이

네가 범사에 잘되고 강건하길

축복해

우리 영혼의 주인 되시는 주님,
가장 안전하고 포근한 주님의 품에 저희를 품어 주셔서 감사합니다. 아가가 주님 안에서 진리를 순종함으로 자신의 영혼을 깨끗이 지키고, 주의 법이 어디에서든 그의 영혼의 노래가 되기를 간절히 원합니다. 혹여 영혼이 낙심하며 불안해하는 일을 만날지라도 오직 주께만 소망을 두게 해주시고, 주의 도우심을 입고 다시 일어나게 해주세요.
주님, 아가의 영혼이 평생토록 주를 노래하며 주께 기도드리고 주로 말미암아 즐거워하길 원합니다. 그의 영혼을 강건하게 해주시고, 그의 모든 행사가 형통하도록 도와주세요. 이 시간 저희의 간구가 아가의 영혼에 아름답게 들려지길 원하며 예수님의 이름으로 기도합니다. 아멘.

너희가 진리를 순종함으로 너희 영혼을 깨끗하게 하여 벧전 1:22a

내가 나그네 된 집에서 주의 율례들이 나의 노래가 되었나이다 시 119:54

내 영혼아 네가 어찌하여 낙심하며 어찌하여 내 속에서 불안해하는가 너는 하나님께 소망을 두라 그가 나타나 도우심으로 말미암아 내가 여전히 찬송하리로다 시 42:5

내가 평생토록 여호와께 노래하며 내가 살아 있는 동안 내 하나님을 찬양하리로다 시 104:33

네 마음은 아주 중요하단다

"모든 지킬 만한 것 중에 더욱 네 마음을 지키라
생명의 근원이 이에서 남이니라."
잠 4:23

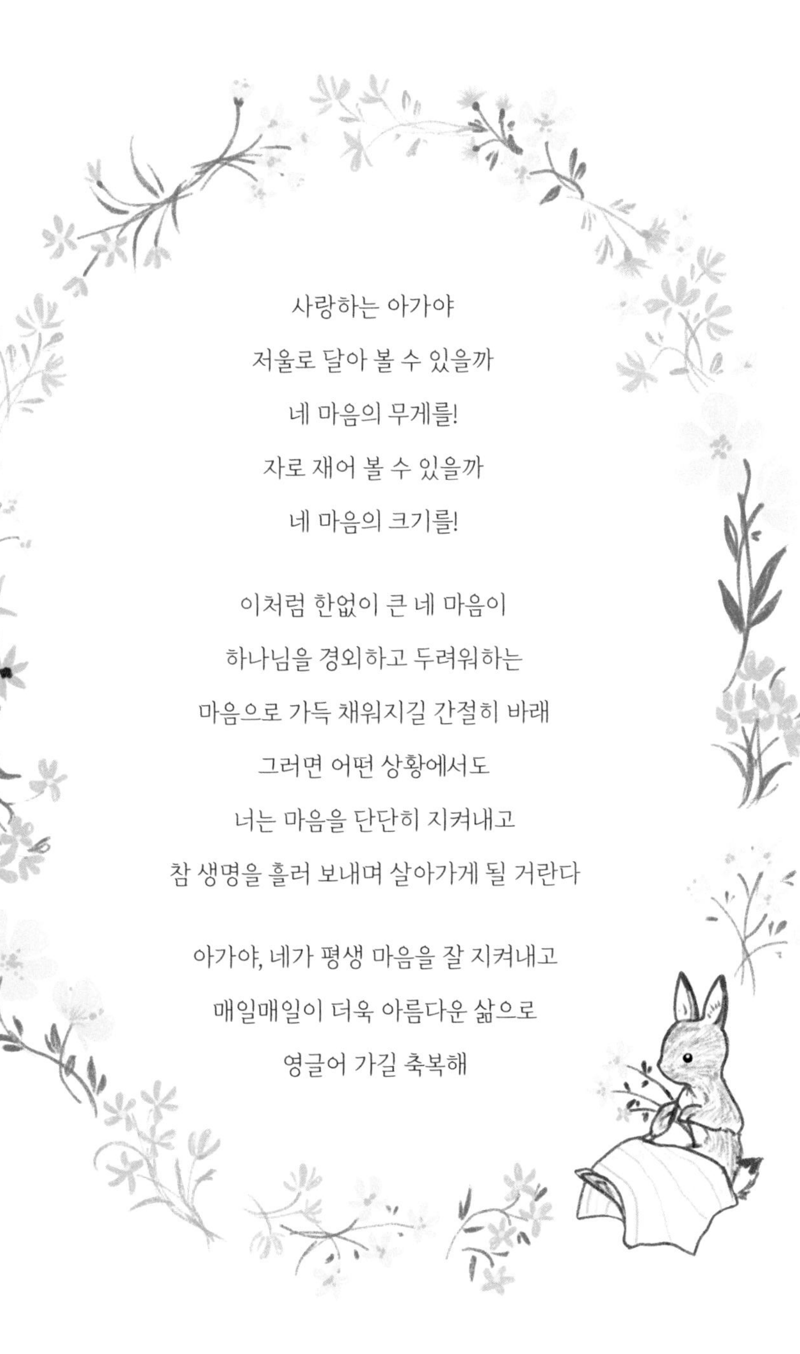

사랑하는 아가야
저울로 달아 볼 수 있을까
네 마음의 무게를!
자로 재어 볼 수 있을까
네 마음의 크기를!

이처럼 한없이 큰 네 마음이
하나님을 경외하고 두려워하는
마음으로 가득 채워지길 간절히 바래
그러면 어떤 상황에서도
너는 마음을 단단히 지켜내고
참 생명을 흘러 보내며 살아가게 될 거란다

아가야, 네가 평생 마음을 잘 지켜내고
매일매일이 더욱 아름다운 삶으로
영글어 가길 축복해

우리의 소원을 들어주시는 주님,

주를 경외함으로 저희 앞에 복과 생명의 문을 열어 주셔서 감사합니다. 아가의 기쁨의 원천이 세상의 허망하고 무가치한 것이 아닌 주를 향한 경외함과 두려움이 되도록 가르쳐 주세요. 자신의 본분이 하나님을 경외하고 순종하는 것임을 마음에 분명히 새기고 참 생명으로 살아가도록 인도해주세요. 아가가 날마다 주의 구원을 경험하며 만족하고 안전한 삶을 살아가길 소망합니다.

주님, 때론 세상을 두려워하거나 우러러보았던 저희를 용서해주세요. 저희가 아가의 마음에 두려움과 염려가 아닌 주를 경외하는 마음을 심어 주고, 세상을 이기는 본을 보일 수 있도록 은총을 베풀어 주세요. 오직 주님만 섬기는 가정 되길 원하며 예수님의 이름으로 기도합니다. 아멘.

여호와를 경외하는 것은 사람으로 생명에 이르게 하는 것이라 경외하는 자는 족하게 지내고 재앙을 만나지 아니하느니라 잠 19:23

그는 자기를 경외하는 자들의 소원을 이루시며 또 그들의 부르짖음을 들으사 구원하시리로다 시 145:19

일의 결국을 다 들었으니 하나님을 경외하고 그의 명령들을 지킬지어다 이것이 모든 사람의 본분이니라 전 12:13

여호와는 자기를 경외하는 자들과 그의 인자하심을 바라는 자들을 기뻐하시는도다 시 147:11

너는 선하고 가치 있는 생각을 할 거란다

하늘에 속한 생각으로 채워 주세요

"위의 것을 생각하고 땅의 것을 생각하지 말라."
골 3:2

사랑하는 아가야

맛난 음식을 가려내는 좋은 미각만큼

옳고 그름, 알고 모름을 분별하는

우리의 생각도 계속 자라가야 한단다

아가일 땐 덥석 한입 베어 먹으며

서투르게 배워가겠지만 몸이 자라면서

하늘에 속한 생각들도 함께 자라게 될 거야

또한 평소에 자주하는 생각은

나 자신을 보여주는 거울과도 같아서

우리는 선하고 가치 있는 생각을 통해

우리 자신을 바르게 세워가야 한단다

아가야, 네 안에 무수한 질문이 쏟아질 때마다

말씀을 기준으로 생각의 답을 찾아가렴

네 모든 생각이 참되고 깨끗하며 존경할 만하여

세상에 길을 내는 참 지혜가 되길 축복해

모든 이름 위에 뛰어나신 주님,

저희를 염려의 자리에서 기도와 감사의 자리로 옮겨 주셔서 감사합니다. 모든 순간마다 아가에게 전해지는 저희의 생각이 모든 지각에 뛰어나신 하나님의 평강으로 감싸져 있기를 원합니다. 아가의 생각도 주의 평강으로 보호해주시고, 그의 모든 생각이 하나님의 뜻을 아는 지혜에 닿게 해주세요.

주님, 아가가 자라가며 그의 마음과 생각이 염려로 무너지거나 사망의 생각으로 떨어지지 않고, 오직 생명과 평안을 주는 영의 생각을 할 수 있길 원합니다. 하나님 아는 것을 대적하여 높아진 것을 다 무너뜨리고 모든 생각을 사로잡아 그리스도에게 복종하게 해주세요. 지금도 저희와 함께 하시는 평강의 주님을 높이며 예수님의 이름으로 기도합니다. 아멘.

아무것도 염려하지 말고 다만 모든 일에 기도와 간구로, 너희 구할 것을 감사함으로 하나님께 아뢰라 그리하면 모든 지각에 뛰어난 하나님의 평강이 그리스도 예수 안에서 너희 마음과 생각을 지키시리라 끝으로 형제들아 무엇에든지 참되며 무엇에든지 경건하며 무엇에든지 옳으며 무엇에든지 정결하며 무엇에든지 사랑 받을 만하며 무엇에든지 칭찬 받을 만하며 무슨 덕이 있든지 무슨 기림이 있든지 이것들을 생각하라 너희는 내게 배우고 받고 듣고 본 바를 행하라 그리하면 평강의 하나님이 너희와 함께 계시리라 빌 4:6-9

육신의 생각은 사망이요 영의 생각은 생명과 평안이니라 롬 8:6

하나님 아는 것을 대적하여 높아진 것을 다 무너뜨리고 모든 생각을 사로잡아 그리스도에게 복종하게 하니 고후 10:5

너는 '복 있는 사람'이란다

천국백성의 성품으로 빚어 주세요

"새사람을 입었으니 이는 자기를 창조하신 이의 형상을 따라
지식에까지 새롭게 하심을 입은 자니라."
골 3:10

사랑하는 아가야
이 시간 예수님께서 꼭 집어 말씀하신
'복 있는 사람'에 대하여 알려줄게

그는 바로 심령이 가난한 사람,
애통하는 사람, 온유한 사람, 의에 주리고 목마른 사람,
긍휼히 여기는 사람, 마음이 청결한 사람,
화평하게 하는 사람,
의를 위하여 박해를 받는 사람이란다

그래서 참 복은
자기 마음 내키는 대로 사는 사람이 아닌
이 땅에서 예수님이 말씀하신 천국 백성의
성품을 빚으며 살아가는 사람만이 누릴 수 있단다
아가야, 우리는 네가 이 말씀으로 곱게 빚어져
참 복을 영원히 누리길 축복해

토기장이 되시는 주님,

오늘도 저희를 말씀과 기도로 거룩하게 빚어 주셔서 감사합니다. 저희 아가가 어떤 사람이 되면 좋을까를 생각할 때에 수많은 세상의 기준이 떠오르고 욕심도 나지만, 지금 이 시간 저희 모든 생각을 내려놓고 주의 말씀 앞으로 나아갑니다. 아가가 하늘의 참 복을 아는 천국 백성의 성품을 가진 자로 살아가도록 은총을 내려 주세요.

주님, 어려서부터 생명의 말씀을 심어 주셔서 아가 안에 하나님의 성품이 아름답게 자리 잡길 원합니다. 아가가 세상을 거스르는 복의 비밀을 소유함으로써 세상을 이기는 참된 복의 소유자가 되게 해주세요. 날마다 주 안에서 새사람을 입길 소망하며 예수님의 이름으로 기도합니다. 아멘.

심령이 가난한 자는 복이 있나니 천국이 그들의 것임이요 애통하는 자는 복이 있나니 그들이 위로를 받을 것임이요 온유한 자는 복이 있나니 그들이 땅을 기업으로 받을 것임이요 의에 주리고 목마른 자는 복이 있나니 그들이 배부를 것임이요 긍휼히 여기는 자는 복이 있나니 그들이 긍휼히 여김을 받을 것임이요 마음이 청결한 자는 복이 있나니 그들이 하나님을 볼 것임이요 화평하게 하는 자는 복이 있나니 그들이 하나님의 아들이라 일컬음을 받을 것임이요 의를 위하여 박해를 받은 자는 복이 있나니 천국이 그들의 것임이라 마 5:3-10

네 골격이 튼튼하게 세워지고 있구나

튼튼하고 강한 골격을 세워 주세요

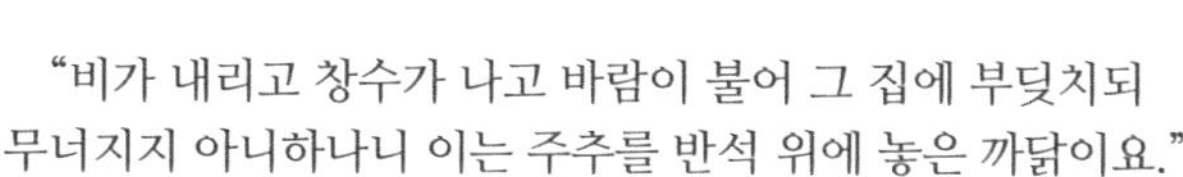

"비가 내리고 창수가 나고 바람이 불어 그 집에 부딪치되
무너지지 아니하나니 이는 주추를 반석 위에 놓은 까닭이요."

마 7:25

사랑하는 아가야

네 머리부터 발끝까지

모든 골격을 반석처럼

든든하게 세워 주실 주님을 찬양해

그리고 네 삶도 반석이신

그리스도 위에 기초를 세우고

믿음의 고백과 순종의 걸음으로

엮어지고 연결되어 튼튼한 골격을 갖춘

멋진 집으로 지어져 가길 축복해

비바람 휘몰아치고 높은 파도 넘실거려도

무너지지 않고 안전하게 머물 수 있는

견고한 믿음의 집을

우리 함께 세워 나가자

반석 되시는 주님,

저희 가정의 영원한 반석이 되어 주셔서 감사합니다. 아가가 삶이라는 집을 지어갈 때에 주의 말씀으로 그 골격을 든든히 세울 수 있길 원합니다. 주께 순종함으로 반석 위에 집을 세우는 지혜로운 자가 되게 해주세요. 사랑하는 주님과 함께 무너지지 않는 단단한 믿음의 집을 짓고 그 안에서 즐거이 거하게 해주세요.

주님, 머리부터 발끝까지 아가의 골격을 아무 흠 없이 빚어 주시길 간구합니다. 늙어서도 그 힘이 쇠하지 않고 몸을 꼿꼿이 세울 수 있도록 강하고 유연하게 해주세요. 무슨 일을 하든지 게으르지 않고, 기초를 든든히 세워 끝까지 해낼 수 있게 해주세요. 예수님의 이름으로 기도합니다. 아멘.

그러므로 누구든지 나의 이 말을 듣고 행하는 자는 그 집을 반석 위에 지은 지혜로운 사람 같으리니 … 나의 이 말을 듣고 행하지 아니하는 자는 그 집을 모래 위에 지은 어리석은 사람 같으리니 비가 내리고 창수가 나고 바람이 불어 그 집에 부딪치매 무너져 그 무너짐이 심하니라 마 7:24-27

피부와 살을 내게 입히시며 뼈와 힘줄로 나를 엮으시고 욥 10:11

그러므로 주 여호와께서 가라사대 보라 내가 한 돌을 시온에 두어 기초를 삼았노니 곧 시험한 돌이요 귀하고 견고한 기초 돌이라 사 28:16a

이 닦아 둔 것 외에 능히 다른 터를 닦아 둘 자가 없으니 이 터는 곧 예수 그리스도라 고전 3:11

네 몸은 강하고 거룩하단다

하나님의 성전으로 세워 주세요

"너희는 너희가 하나님의 성전인 것과 하나님의 성령이
너희 안에 계시는 것을 알지 못하느냐."
고전 3:16

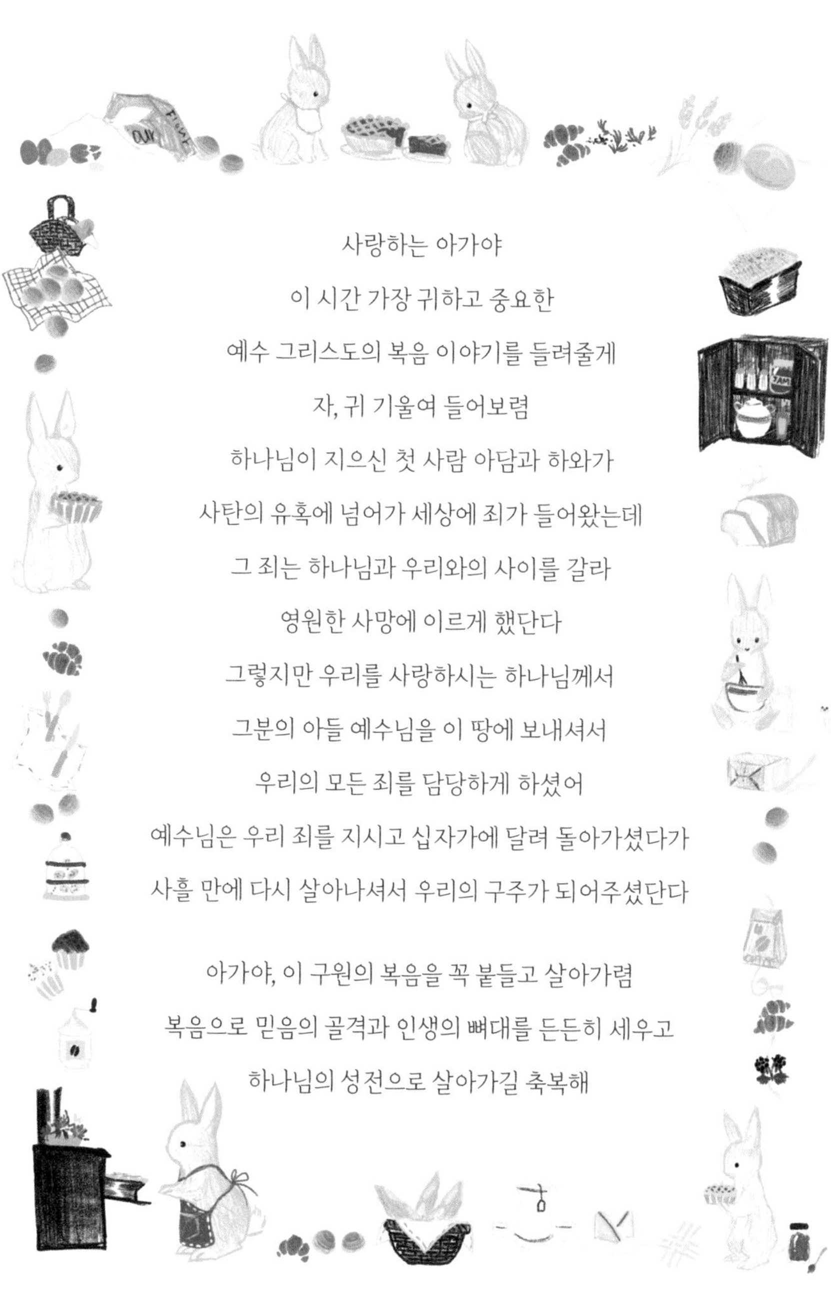

사랑하는 아가야

이 시간 가장 귀하고 중요한

예수 그리스도의 복음 이야기를 들려줄게

자, 귀 기울여 들어보렴

하나님이 지으신 첫 사람 아담과 하와가

사탄의 유혹에 넘어가 세상에 죄가 들어왔는데

그 죄는 하나님과 우리와의 사이를 갈라

영원한 사망에 이르게 했단다

그렇지만 우리를 사랑하시는 하나님께서

그분의 아들 예수님을 이 땅에 보내셔서

우리의 모든 죄를 담당하게 하셨어

예수님은 우리 죄를 지시고 십자가에 달려 돌아가셨다가

사흘 만에 다시 살아나셔서 우리의 구주가 되어주셨단다

아가야, 이 구원의 복음을 꼭 붙들고 살아가렴

복음으로 믿음의 골격과 인생의 뼈대를 든든히 세우고

하나님의 성전으로 살아가길 축복해

우리의 구원자 되시는 주님,

저희 가정에 빛으로, 생명으로 찾아와 주셔서 감사합니다. 아가가 터가 무너진 의인의 집을 다시 세워 주시기 위하여 이 땅에 예수님을 보내주신 하나님의 사랑 이야기를 늘 마음에 품고 살아가게 해주세요. 복음을 기뻐하고 믿음으로 받아들여 주님과 영원히 행복한 삶을 누리고, 복음을 전함으로 생명을 살리는 자가 되게 해주세요.

주님, 비록 태어나 살아갈 세상은 악하고 슬플지라도 아가가 그리스도의 터 위에 믿음의 골격과 인생의 뼈대를 세워 넉넉히 이겨 나가길 원합니다. 주께서 빚어 주신 소중한 몸을 성령이 거하시는 하나님의 성전으로 거룩하게 세워 가고, 늘 주를 즐거워하는 복된 인생을 살아가게 해주세요. 예수님의 이름으로 기도합니다. 아멘.

터가 무너지면 의인이 무엇을 하랴 시 11:3

그 안에 생명이 있었으니 이 생명은 사람들의 빛이라 빛이 어두움에 비취되 어두움이 깨닫지 못하더라 요 1:4-5

그러므로 정의가 우리에게서 멀고 공의가 우리에게서 미치지 못한 즉 우리가 빛을 바라나 어둠뿐이요 밝은 것을 바라나 캄캄한 가운데에 행하므로 사 59:9

나는 빛으로 세상에 왔나니 무릇 나를 믿는 자로 어두움에 거하지 않게 하려 함이로라 요 12:46

너는 하늘의 총명함으로 빛날 거야

하나님을 아는 것에 자라게 해주세요

"주께 합당하게 행하여 범사에 기쁘시게 하고
모든 선한 일에 열매를 맺게 하시며
하나님을 아는 것에 자라게 하시고." 골 1:10

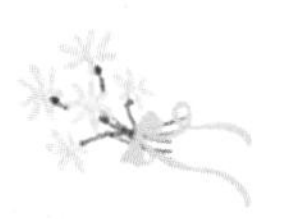

사랑하는 아가야

무럭무럭 자랄수록 궁금한 것도 늘어나

"왜"라는 질문을 많이 하게 되겠지?

네가 하나님에 대해서

어떤 질문을 가장 먼저 할지 궁금하구나

아가야, 주께서 지혜와 총명을 주셔서

그분을 아는 것에 자라가게 해주시길 바래

하나님을 안다는 것은 두 갈래 길 앞에서

어느 길을 가야 할지 아는 것과 같단다

가야 할 길을 분명히 아는 것은

네 삶에 정말 큰 힘이 될 거야

그러니 하나님을 알아가는 지식에서

쑥쑥 자라가렴

그 지식이 힘과 길이 되어 그분의 뜻을 이루고

세상의 머리 되어

그리스도의 풍성함을 전하길 축복해

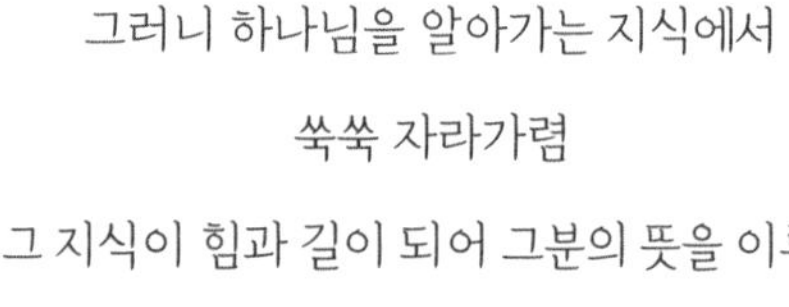

지혜와 명철이 한이 없으신 주님,
아가의 모든 신령한 지혜와 총명에 하나님의 뜻을 아는 것으로 가득 채워 주시길 간구합니다. 하나님의 마음으로 세상을 바라보고 바르게 분별하여 자신이 가야 할 길을 용기 있게 걸어가도록 인도해주세요. 선한 일에 열매 맺는 기쁨도, 하나님을 알아가는 기쁨도 키가 자라듯 무럭무럭 자라게 해주세요.
주님, 이 세상은 머리가 좋아지는 수많은 태교를 요구하지만 저희는 오직 예수 그리스도 능력의 이름, 생명의 말씀으로 태교하리라 결단합니다. 저희 태교에 생명의 기쁨과 성령의 기름을 부어 주시고, 이를 통하여 저희 가정이 주님의 살아계심을 증거하게 해주세요. 그리스도 안에 완전한 자로 세움을 받게 해주세요.
예수님의 이름으로 기도합니다. 아멘.

너희로 하여금 모든 신령한 지혜와 총명에 하나님의 뜻을 아는 것으로 채우게 하시고 주께 합당하게 행하여 범사에 기쁘시게 하고 모든 선한 일에 열매를 맺게 하시며 하나님을 아는 것에 자라게 하시고 그의 영광의 힘을 따라 모든 능력으로 능하게 하시며 기쁨으로 모든 견딤과 오래 참음에 이르게 하시고 … 하나님이 그들로 하여금 이 비밀의 영광이 이방인 가운데 얼마나 풍성한지를 알게 하려 하심이라 이 비밀은 너희 안에 계신 그리스도시니 곧 영광의 소망이니라 우리가 그를 전파하여 각 사람을 권하고 모든 지혜로 각 사람을 가르침은 각 사람을 그리스도 안에서 완전한 자로 세우려 함이니 골 1:9b-11, 27-28

주께서 네 머리를 높여 주실 거야

생명의 면류관을 씌워 주세요

"그가 아름다운 관을 네 머리에 두겠고
영화로운 면류관을 네게 주리라 하셨느니라."
잠 4:9

사랑하는 아가야
동그란 네 머리 위에 씌워질
귀여운 모자 하나, 예쁜 리본 하나
아주 신중히 고르고 있단다
하나뿐인 우리 소중한 아가의 머리 위에
가장 좋은 것을 씌워 주고 싶구나

아가야, 세상에서 가장 빛나는 왕관이 있는데
그건 바로 예수님이 쓰신 가시면류관이야
뾰족뾰족 아프게 찌르는 가시관이
그분의 머리 위에 놓이니 영광스런 면류관이 되었단다

우리는 네가 세상의 화려한 왕관 대신
세상을 구원하시는 예수님의 면류관을 선택하길 바래
주께서 동그랗고 예쁜 네 머리 위로
의의 면류관, 생명의 면류관을
씌워 주시길 축복해

영원한 생명을 주신 주님,

저희를 구원하시기 위하여 겸손의 왕으로 이 땅에 와주셔서 감사합니다. 아가가 자신의 머리를 세상의 화려함으로 꾸미지 않고, 주께서 주실 의의 면류관을 바라며 겸손히 주 앞에 머리를 숙이길 원합니다. 주께서 약속하신 생명의 면류관을 얻기까지 인내하고, 가시관을 마다하지 않으셨던 예수님의 길을 믿음으로 담대히 걸어가도록 인도해주세요.

주님, 아가의 머리를 세상의 방법으로 평가하거나 세상의 기준으로 높이지 않길 원합니다. 저희가 아가에게 세상에서 군림하는 삶이 아닌 세상을 품고 하늘에 소망을 두고 살아가는 삶을 가르치도록 은혜를 베풀어 주세요. 예수님의 이름으로 기도합니다. 아멘.

이제 후로는 나를 위하여 의의 면류관이 예비되었으므로 주 곧 의로우신 재판장이 그 날에 내게 주실 것이며 네게만 아니라 주의 나타나심을 사모하는 모든 자에게도니라 딤후 4:8

시험을 참는 자는 복이 있나니 이는 시련을 견디어 낸 자가 주께서 자기를 사랑하는 자들에게 약속하신 생명의 면류관을 얻을 것이기 때문이라 약 1:12

시온의 딸들아 나와서 솔로몬 왕을 보라 혼인날 마음이 기쁠 때에 그의 어머니가 씌운 왕관이 그 머리에 있구나 아 3:11

우리의 소망이나 기쁨이나 자랑의 면류관이 무엇이냐 그가 강림하실 때 우리 주 예수 앞에 너희가 아니냐 살전 2:19

그날에 만군의 여호와께서 자기 백성의 남은 자에게 영화로운 면류관이 되시며 아름다운 화관이 되실 것이라 사 28:5

주께서 참과 거짓을 가르쳐 주실 거야

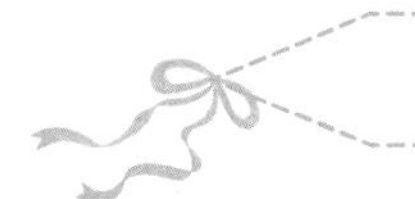

선악을 분별하는 지혜를 주세요

"단단한 음식은 장성한 자의 것이니 그들은
지각을 사용함으로 연단을 받아 선악을 분별하는 자들이니라."
히 5:14

사랑하는 아가야

네가 똑바로 서려면 몇 번이나 넘어져야 할까?

엄마아빠를 정확히 부르려면

얼마나 많이 소리 내야 할까?

이처럼 성숙한 한 사람으로 자라기까지는

많은 반복과 훈련이 필요하단다

육체뿐 아니라 생각과 마음도 마찬가지야

반복되는 훈련과 연단을 통해

지각을 단단히 빚어가고

지각을 통해 참되신 하나님을 알아가며

예수 안에 있는 영생을 발견해야 한단다

아가야, 네가 지각을 사용하여

선과 악을 구별하고

참과 거짓 사이에서 진리의 편에 서는

성숙하고 용기 있는 자로

자라가길 축복해

크고 위대하신 주님,

이 시간 아가에게 생명의 말씀으로 하늘의 지혜를 들려주게 해주셔서 감사합니다. 아가가 평생 동안 자신의 몸과 마음, 그리고 생각을 자라게 하는 훈련을 잘 감당하도록 붙들어 주세요. 지각을 가지고 참되신 하나님을 알고, 그리스도 안에 있는 영생의 기쁨을 누리게 해주세요. 여호와를 경외함으로 말씀에 순종하고, 선악을 분별하는 성숙한 지혜자로 주님을 영원히 찬양하게 해주세요.

주님, 저희가 세상의 지식을 넘어 하나님을 아는 지식을 잘 가르치는 부모가 되길 원합니다. 태 안에서부터 아가에게 주님의 말씀을 소리 높여 들려주도록 이끌어 주세요. 저희 또한 성숙한 부모로 더욱 성장하길 소망하며 예수님의 이름으로 기도합니다. 아멘.

또 아는 것은 하나님의 아들이 이르러 우리에게 지각을 주사 우리로 참된 자를 알게 하신 것과 또한 우리가 참된 자 곧 그의 아들 예수 그리스도 안에 있는 것이니 그는 참 하나님이시요 영생이시라 요일 5:20

여호와를 경외함이 지혜의 근본이라 그의 계명을 지키는 자는 다 훌륭한 지각을 가진 자이니 여호와를 찬양함이 영원히 계속되리로다 시 111:10

우리 주는 위대하시며 능력이 많으시며 그의 지혜가 무궁하시도다 시 147:5

하나님이 하늘에서 인생을 굽어 살피사 지각이 있는 자와 하나님을 찾는 자가 있는가 보려 하신즉 시 53:2

어리석고 지각이 없으며 눈이 있어도 보지 못하며 귀가 있어도 듣지 못하는 백성이여 이를 들을지어다 렘 5:21

네 시선에는 사랑도 함께 머무를 거야

주님만 바라보며 동행하게 해주세요

"에녹은 육십오 세에 므두셀라를 낳았고 므두셀라를 낳은 후
삼백 년을 하나님과 동행하며 자녀를 낳았으며."
창 5:21-22

사랑하는 아가야

오늘은 성경 속 '에녹'이라는

한 사람을 소개해줄게

그는 자고 먹고 걷고 뛰며 누리는

매일의 삶 가운데 늘 하나님과 동행했단다

에녹이 그렇게 할 수 있었던 이유는

그의 눈이 항상 주님과 맞닿아 있었기 때문이야

우리 아가도 에녹과 같이

재잘대며 즐거운 자리에서든

아파서 펑펑 우는 자리에서든

포근한 침대에 누워 잠드는 자리에서든

항상 하나님과 동행하길 축복해

혹여 이 땅의 아주 나쁘고 더러운 것들이

눈앞에 겹겹이 쌓여 주를 보지 못하게 하더라도

주께서 널 붙들어 주고 계신다는 것을 믿고

주님과의 동행을 멈추지 말렴

우리와 동행하여 주시는 주님,

임신 기간을 통하여 아가와 동행하는 기쁨을 알아가게 해주셔서 감사합니다. 아가도 주와 동행하는 기쁨을 가장 큰 즐거움으로 삼고 성령 충만한 삶을 살아가도록 인도해주세요. 졸지도 주무시지도 않으시는 주의 보호하심과 도우심을 입게 해주시고, 그의 출입을 지금부터 영원까지 지켜 주세요.

주님, 아가와 동행하는 이 시간이 참 행복합니다. 저희가 하루하루를 소중히 여기며 살아가도록 인도해주시고, 아가를 만나는 그날까지 저희 눈이 아름다우신 주를 더욱 갈망하게 해주세요. 평생 주님과 동행하는 은총을 구하며 예수님의 이름으로 기도합니다. 아멘.

내가 산을 향하여 눈을 들리라 나의 도움이 어디서 올까 나의 도움은 천지를 지으신 여호와에게서로다 여호와께서 너를 실족하지 아니하게 하시며 너를 지키시는 이가 졸지 아니하시리로다 이스라엘을 지키시는 이는 졸지도 아니하시고 주무시지도 아니하시리로다 여호와는 너를 지키시는 이시라 여호와께서 네 오른쪽에서 네 그늘이 되시나니 낮의 해가 너를 상하게 하지 아니하며 밤의 달도 너를 해치지 아니하리로다 여호와께서 너를 지켜 모든 환난을 면하게 하시며 또 네 영혼을 지키시리로다 여호와께서 너의 출입을 지금부터 영원까지 지키시리로다 시 121편

이르되 주여 내가 주께 은총을 입었거든 원하건대 주는 우리와 동행하옵소서 출 34:9a

네 눈이 반짝반짝 빛나는구나

주의 빛난 영광을 보게 해주세요

"그것들이 여호와의 영광 곧 우리 하나님의
아름다움을 보리로다."
사 35:2

사랑하는 아가야
네가 처음 눈으로 보는 세상은
흐릿하고 온통 흑백이겠지만
점차 초점이 뚜렷해지고 색이 보이기 시작하면
많은 것들이 네 눈을 사로잡을 거야

그런데 그때 네가 가장 먼저 보아야 하고
시선을 두어야 할 분은 바로 우리 주님이란다
우리는 주를 바라보는 거룩한 수고를
평생 멈추지 않아야 해

아가야, 주님을 바라볼수록 그분을 닮아가고
밝게 빛나는 그분의 영광이 너와 함께 할 거야
세상이 주는 그 무엇과도 비교할 수 없는
그분의 크신 영광이 네 시선을 사로잡아
너를 통해 하나님의 나라가
펼쳐지길 축복해

큰 영광 중에 계신 주님,

주의 영광 가운데 살게 해주셔서 감사합니다. 아가의 눈을 열어 주셔서 주님의 위대하심과 아름다우심을 보게 해주세요. 눈으로 보는 모든 것을 거룩히 구별하고 절제하게 해주세요. 눈에 보기 좋은 것이 아닌 보이지 않는 영원한 것에 눈을 고정하고, 하나님의 영광에 이르는 소망 가운데 자라가게 해주세요.

주님, 저희가 보는 모든 것을 통하여 아가가 태 안에서부터 하나님의 영광을 보고 찬양하길 원합니다. 저희 눈이 아가에게 세상의 오락과 허영, 탐욕을 물려주지 않고 영원한 것을 바라보는 눈을 전해줄 수 있도록 도와주세요. 저희가 서로를 통하여 주님의 형상을 발견하고 즐거워하길 원하며 예수님의 이름으로 기도합니다. 아멘.

우리가 주목하는 것은 보이는 것이 아니요 보이지 않는 것이니 보이는 것은 잠깐이요 보이지 않는 것은 영원함이라 고후 4:18

우리가 다 수건을 벗은 얼굴로 거울을 보는 것 같이 주의 영광을 보매 그와 같은 형상으로 변화하여 영광에서 영광에 이르니 고후 3:18

또한 그로 말미암아 우리가 믿음으로 서 있는 이 은혜에 들어감을 얻었으며 하나님의 영광을 바라고 즐거워하느니라 롬 5:2

너는 특별한 영혼의 눈을 가지고 있단다

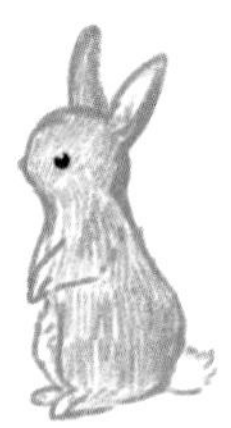

온몸을 밝히는 눈을 허락해주세요

"네 몸의 등불은 눈이라 네 눈이 성하면 온몸이 밝을 것이요
만일 나쁘면 네 몸도 어두우리라."
눅 11:34

사랑하는 아가야

반짝이는 네 눈과

처음으로 눈맞춤하는 그날

우리의 마음이 네게로 향하고

네 마음이 우리에게로 향하는 바로 그날

얼마나 행복하고 기쁠까!

또 네 영혼의 눈으로 주님과 눈을 맞추며

그분이 비춰 주시는

복음의 빛을 힘껏 받아들일 때

네 마음은 얼마나 기쁘고 행복할까!

아가야, 네가 곁눈질하지 않는

진실 된 마음으로 복음 안에 거하고

총명으로 반짝이는 눈빛을 내며

어두운 세상에 빛을 비추길

축복해

빛으로 오신 주님,

이 시간 저희에게 말씀으로 주의 밝은 빛을 비춰 주셔서 감사합니다. 아가에게 주를 바라는 영혼의 눈을 주셔서 진실하고 변함없는 마음으로 주를 따르게 해주세요. 복음의 빛으로 아가의 영혼을 가득 채워 주사 아가가 어두운 세상 곳곳을 환히 비추며 많은 사람들을 옳은 데로 이끄는 별과 같은 자가 되게 해주세요.

눈은 몸의 등불이라고 말씀하신 주님, 아가를 품고 있는 이 소중한 시간에 사람을 판단하고 정죄하는 저희의 눈이 사랑의 눈으로 변화되길 간절히 원합니다. 저희 눈이 높은 것을 자랑하지 않고, 눈앞에 부정하고 비천한 것을 두지 않도록 도와주세요. 아가에게 순결하고 주님이 기뻐하시는 것만 보여 주길 원하며 예수님의 이름으로 기도합니다. 아멘.

지혜 있는 자는 궁창의 빛과 같이 빛날 것이요 많은 사람을 옳은 데로 돌아오게 한 자는 별과 같이 영원토록 빛나리라 단 12:3

나는 비천한 것을 내 눈앞에 두지 아니할 것이요 시 101:3a

내 아들아 완전한 지혜와 근신을 지키고 이것들이 네 눈앞에서 떠나지 말게 하라 잠 3:21

눈이 높은 것과 마음이 교만한 것과 악인이 형통한 것은 다 죄니라 잠 21:4

네가 호흡하는 모든 순간을 사랑해

하나님의 생기를 불어넣어 주세요

"여호와 하나님이 땅의 흙으로 사람을 지으시고
생기를 그 코에 불어넣으시니 사람이 생령이 되니라."
창 2:7

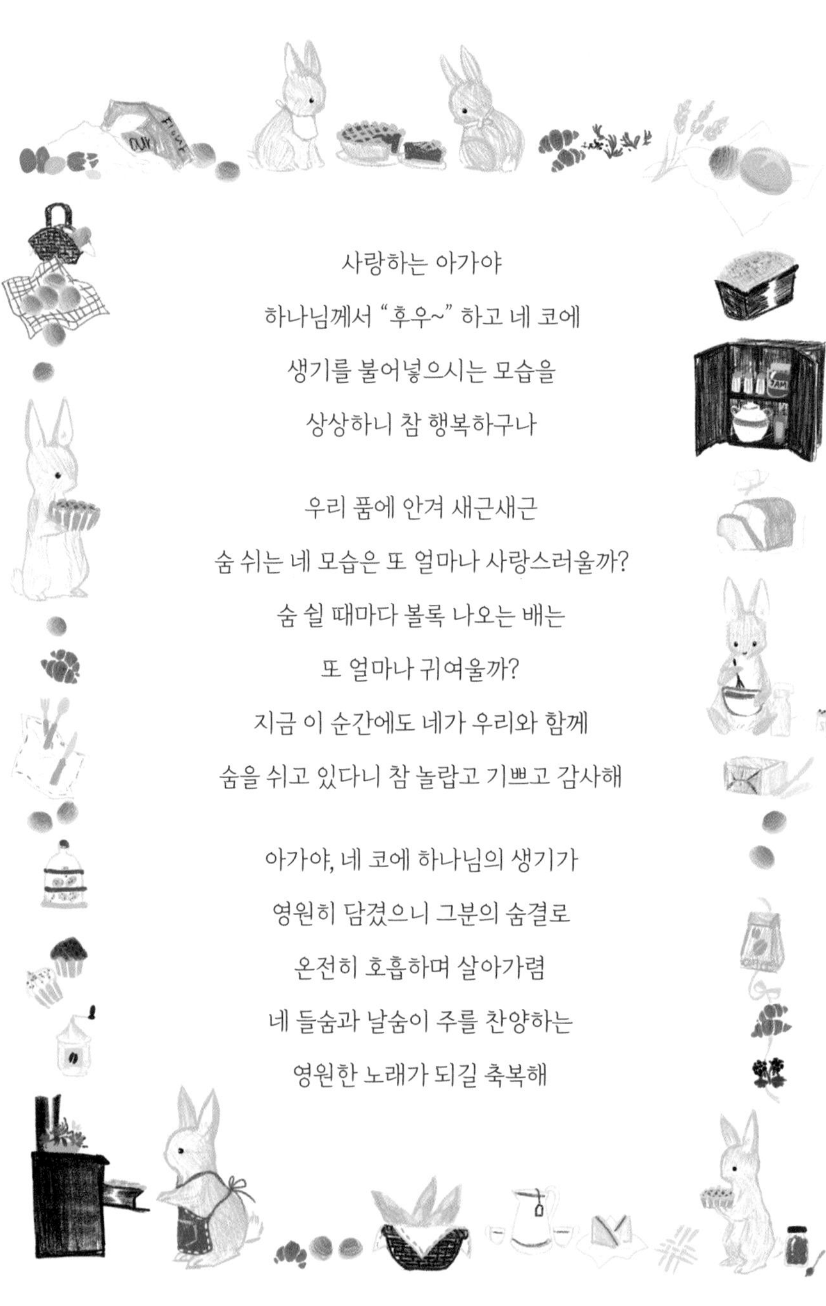

사랑하는 아가야
하나님께서 "후우~" 하고 네 코에
생기를 불어넣으시는 모습을
상상하니 참 행복하구나

우리 품에 안겨 새근새근
숨 쉬는 네 모습은 또 얼마나 사랑스러울까?
숨 쉴 때마다 볼록 나오는 배는
또 얼마나 귀여울까?
지금 이 순간에도 네가 우리와 함께
숨을 쉬고 있다니 참 놀랍고 기쁘고 감사해

아가야, 네 코에 하나님의 생기가
영원히 담겼으니 그분의 숨결로
온전히 호흡하며 살아가렴
네 들숨과 날숨이 주를 찬양하는
영원한 노래가 되길 축복해

모든 호흡을 주관하시는 주님,
저희의 모든 숨결 가운데 주님의 사랑을 느끼게 해주셔서 감사합니다. 아가가 호흡하는 모든 날 동안 찬양의 꽃을 피우고, 숨결 같은 평안함으로 주님과 동행하며 생명으로부터 생명에 이르는 향기를 내뿜게 해주세요. 영원토록 찬양의 기쁨을 빼앗기지 않도록 붙들어 주세요.
주님, 아가에게 평생 숨을 잘 쉴 수 있는 건강한 코를 허락해주시길 간구합니다. 코로 들어오는 각종 바이러스로부터 지켜 주시고, 비염 등 모든 질병으로부터 보호해주세요. 출산하는 날까지 태중에 충분한 산소가 공급되도록 지켜 주시고, 태어나 첫 숨을 쉴 때에 놀라지 않고 생명 주신 주님의 품 안에서 아름다운 향기를 맡게 해주세요. 예수님의 이름으로 기도합니다. 아멘.

나무에게 깨라 하며 말하지 못하는 돌에게 일어나라 하는 자에게 화 있을진저 그것이 교훈을 베풀겠느냐 보라 이는 금과 은으로 입힌 것인 즉 그 속에는 생기가 도무지 없느니라 합 2:19

또 무엇이 부족한 것처럼 사람의 손으로 섬김을 받으시는 것이 아니니 이는 만민에게 생명과 호흡과 만물을 친히 주시는 이심이라 행 17:25

호흡이 있는 자마다 여호와를 찬양할지어다 할렐루야 시 150:6

이 사람에게는 사망으로부터 사망에 이르는 냄새요 저 사람에게는 생명으로부터 생명에 이르는 냄새라 누가 이 일을 감당하리요 고후 2:16

네 언어가 참 향기롭구나

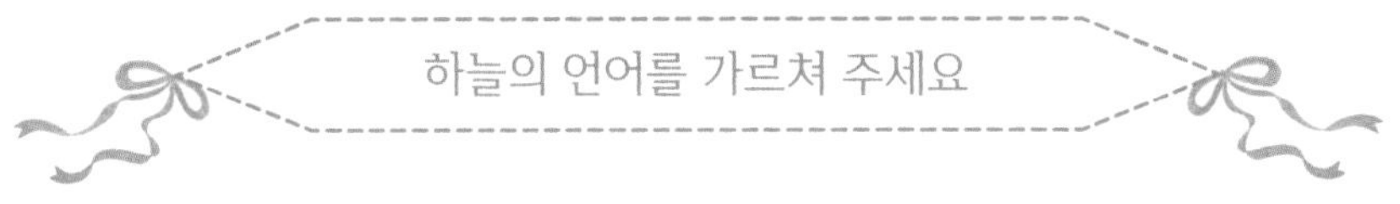

"선한 사람은 마음에 쌓은 선에서 선을 내고
악한 자는 그 쌓은 악에서 악을 내나니
이는 마음에 가득한 것을 입으로 말함이니라." 눅 6:45

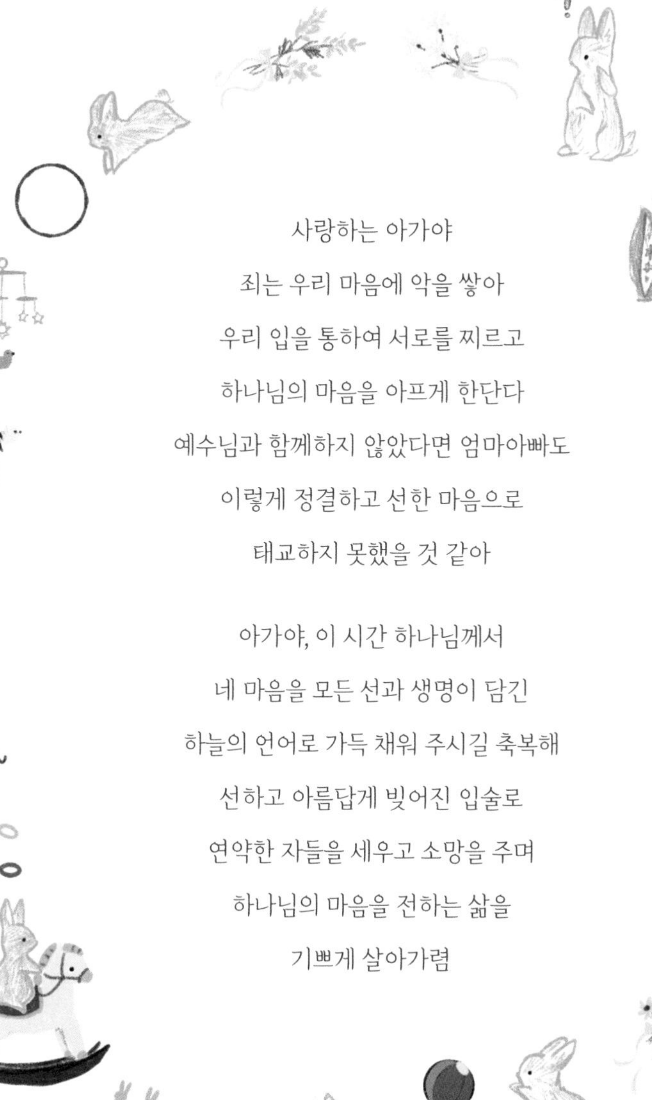

사랑하는 아가야
죄는 우리 마음에 악을 쌓아
우리 입을 통하여 서로를 찌르고
하나님의 마음을 아프게 한단다
예수님과 함께하지 않았다면 엄마아빠도
이렇게 정결하고 선한 마음으로
태교하지 못했을 것 같아

아가야, 이 시간 하나님께서
네 마음을 모든 선과 생명이 담긴
하늘의 언어로 가득 채워 주시길 축복해
선하고 아름답게 빚어진 입술로
연약한 자들을 세우고 소망을 주며
하나님의 마음을 전하는 삶을
기쁘게 살아가렴

말씀으로 창조하신 주님,

이 시간 주의 말씀으로 저희 마음을 새롭게 해주셔서 감사합니다. 아가의 마음도 주의 말씀으로 하나님의 마음을 담아내는 거룩한 그릇으로 빚어 주세요. 그 입에 선하고 거룩한 하늘의 언어를 담으사 때에 맞는 말을 하고 기쁜 입맞춤으로 화답하게 해주세요. 꽃처럼 예쁘고 하늘처럼 맑은 입술로 주위를 밝게 비추는 삶을 살아가도록 인도해주세요.

주님, 입술로 지은 저희 모든 죄를 회개합니다. 이제는 저희 입술이 더 이상 악을 머금지 않고, 길과 진리요 생명이신 예수님을 드러내게 해주세요. 주의 보혈로 덮으사 아가에게 들려지는 마음의 소리까지도 선하고 정결하게 해주세요. 예수님의 이름으로 기도합니다. 아멘.

내가 주께 범죄하지 아니하려 하여 주의 말씀을 내 마음에 두었나이다 시 119:11

내 입은 진리를 말하며 내 입술은 악을 미워하느니라 잠 8:7

입에서 나오는 것들은 마음에서 나오나니 이것이야말로 사람을 더럽게 하느니라 마 15:18

적당한 말로 대답함은 입맞춤과 같으니라 잠 24:26

경우에 합당한 말은 아로새긴 은 쟁반에 금 사과니라 잠 25:11

순종할 때 기적이 일어난단다

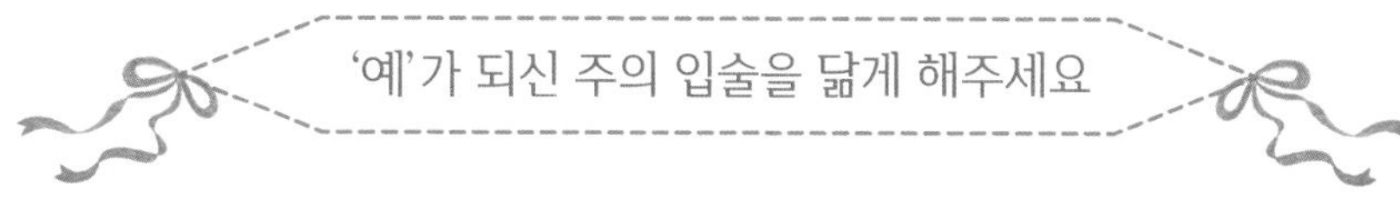

'예'가 되신 주의 입술을 닮게 해주세요

"하나님의 아들 예수 그리스도는 예 하고
아니라 함이 되지 아니하셨으니 그에게는 예만 되었느니라."
고후 1:19

사랑하는 아가야
네 작은 입술을 통해 "예"라는
순종의 대답을 들을 때마다
우리 마음이 얼마나 벅찰까?
주님의 말씀 앞에서, 우리의 가르침 앞에서
"예"라고 순종할 때마다 또 얼마나 감사할까?

"예"가 되어서 때론 힘들고 외로울 수 있지만
"예"가 되어서 하나님의 사랑이 너를 통해 흐르고
"예"가 되어서 세상이 너를 통해 주님을 볼 수 있다면
너는 분명 "예" 하기를 잘했구나 하며 기뻐할 거야

마음에서부터 "예"가 되어
진실하게 행함으로 "예"를 이루며
하나님 아버지께 "예"가 되셨던 예수님처럼
우리 아가도 "예" 하고 대답하며
그 고백대로 살아가는
순종의 사람이 되길 축복해

생명 길로 인도하시는 주님,
새 생명을 통하여 주님께 더욱 가까이 나아가는 은혜를 주셔서 감사합니다. 산꼭대기에 방주를 지은 노아의 손길도, 갈 바를 모르나 믿음의 길을 떠난 아브라함의 걸음도 순종하는 마음이 일구어 낸 열매임을 고백하며 저희도 순종의 길로 가기를 소망합니다. 순종을 통하여 아가의 삶에 믿음의 열매가 맺히고 순종의 본을 보이신 예수님을 더욱 사랑하고 닮아가게 해주세요. 신실하고 진실 된 삶으로 “예”를 이루어 가며 주님의 영광을 드러내게 해주세요.
주님, 저희가 주께 “예”하지 못하고 순종하지 못한 모든 죄를 회개합니다. 주께 순종하는 모습 없이 “예”만을 강요하는 부모가 되지 않게 해주시고, 주를 사랑함으로 자원하는 심령으로 살아가도록 인도해주세요. 예수님의 이름으로 기도합니다. 아멘.

하나님의 약속은 얼마든지 그리스도 안에서 예가 되니 그런즉 그로 말미암아 우리가 아멘 하여 하나님께 영광을 돌리게 되느니라 고후 1:20

오직 너희 말은 옳다 옳다, 아니라 아니라 하라 이에서 지나는 것은 악으로부터 나느니라 마 5:37

믿음으로 노아는 아직 보이지 않는 일에 경고하심을 받아 경외함으로 방주를 준비하여 그 집을 구원하였으니 이로 말미암아 세상을 정죄하고 믿음을 따르는 의의 상속자가 되었느니라 믿음으로 아브라함은 부르심을 받았을 때에 순종하여 장래의 유업으로 받을 땅에 나아갈새 갈 바를 알지 못하고 나아갔으며 히 11:7-8

네 입은 생명을 머금고 있단다

"오직 여호와의 율법을 즐거워하여
그의 율법을 주야로 묵상하는도다."
시 1:2

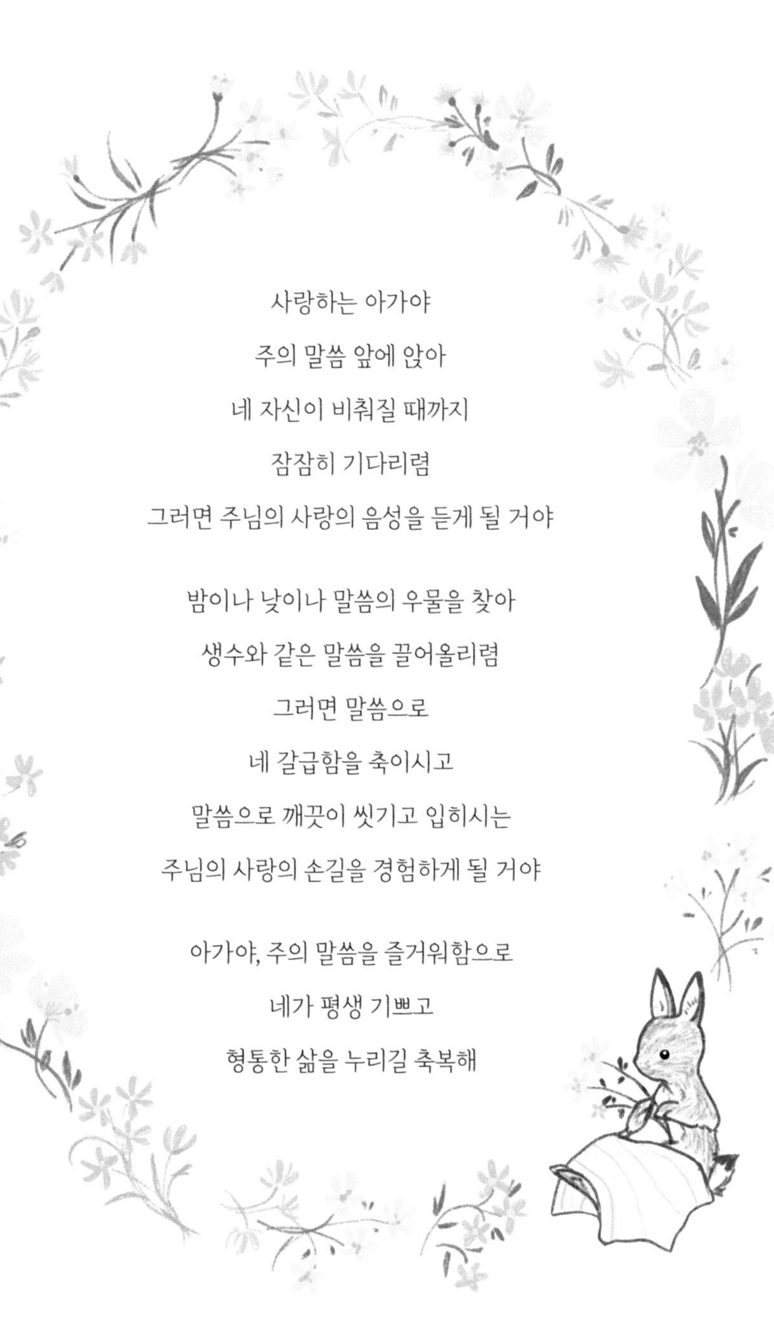

사랑하는 아가야

주의 말씀 앞에 앉아

네 자신이 비춰질 때까지

잠잠히 기다리렴

그러면 주님의 사랑의 음성을 듣게 될 거야

밤이나 낮이나 말씀의 우물을 찾아

생수와 같은 말씀을 끌어올리렴

그러면 말씀으로

네 갈급함을 축이시고

말씀으로 깨끗이 씻기고 입히시는

주님의 사랑의 손길을 경험하게 될 거야

아가야, 주의 말씀을 즐거워함으로

네가 평생 기쁘고

형통한 삶을 누리길 축복해

말씀을 성취하시는 주님,

저희가 묵상하고 간구하는 모든 말씀이 아가의 삶에 성취되기를 갈망합니다. 아가가 평생에 주의 말씀을 사랑하고 그 안에 담긴 보배를 얻기 위하여 수고하게 해주세요. 어려서부터 묵상의 기쁨을 발견하고 늘 그 자리를 즐거이 찾게 해주세요. 입술로 읊조리는 모든 말씀으로 인하여 하늘의 참 기쁨과 행복을 누리며 살아가도록 인도해주세요.

주님, 저희가 생명의 말씀을 주야로 읊조리며 태교하도록 이끌어 주셔서 감사합니다. 이 시간을 통하여 저희의 믿음을 더욱 굳세게 해주시고, 아가에게 가장 귀한 믿음의 유산을 물려주게 해주세요. 예수님의 이름으로 기도합니다. 아멘.

복 있는 사람은 악인들의 꾀를 따르지 아니하며 죄인들의 길에 서지 아니하며 오만한 자들의 자리에 앉지 아니하고 오직 여호와의 율법을 즐거워하여 그의 율법을 주야로 묵상하는도다 그는 시냇가에 심은 나무가 철을 따라 열매를 맺으며 그 잎사귀가 마르지 아니함 같으니 그가 하는 모든 일이 다 형통하리로다 시 1:1-3

주의 말씀이 심히 순수하므로 주의 종이 이를 사랑하나이다 시 119:140

이 율법책을 네 입에서 떠나지 말게 하며 주야로 그것을 묵상하여 그 안에 기록된 대로 다 지켜 행하라 그리하면 네 길이 평탄하게 될 것이며 네가 형통하리라 수 1:8

감사하는 입술은 길을 열어줄 거야

매일 감사의 고백으로 채워 주세요

"범사에 감사하라 이것이 그리스도 예수 안에서
너희를 향하신 하나님의 뜻이니라."
살전 5:18

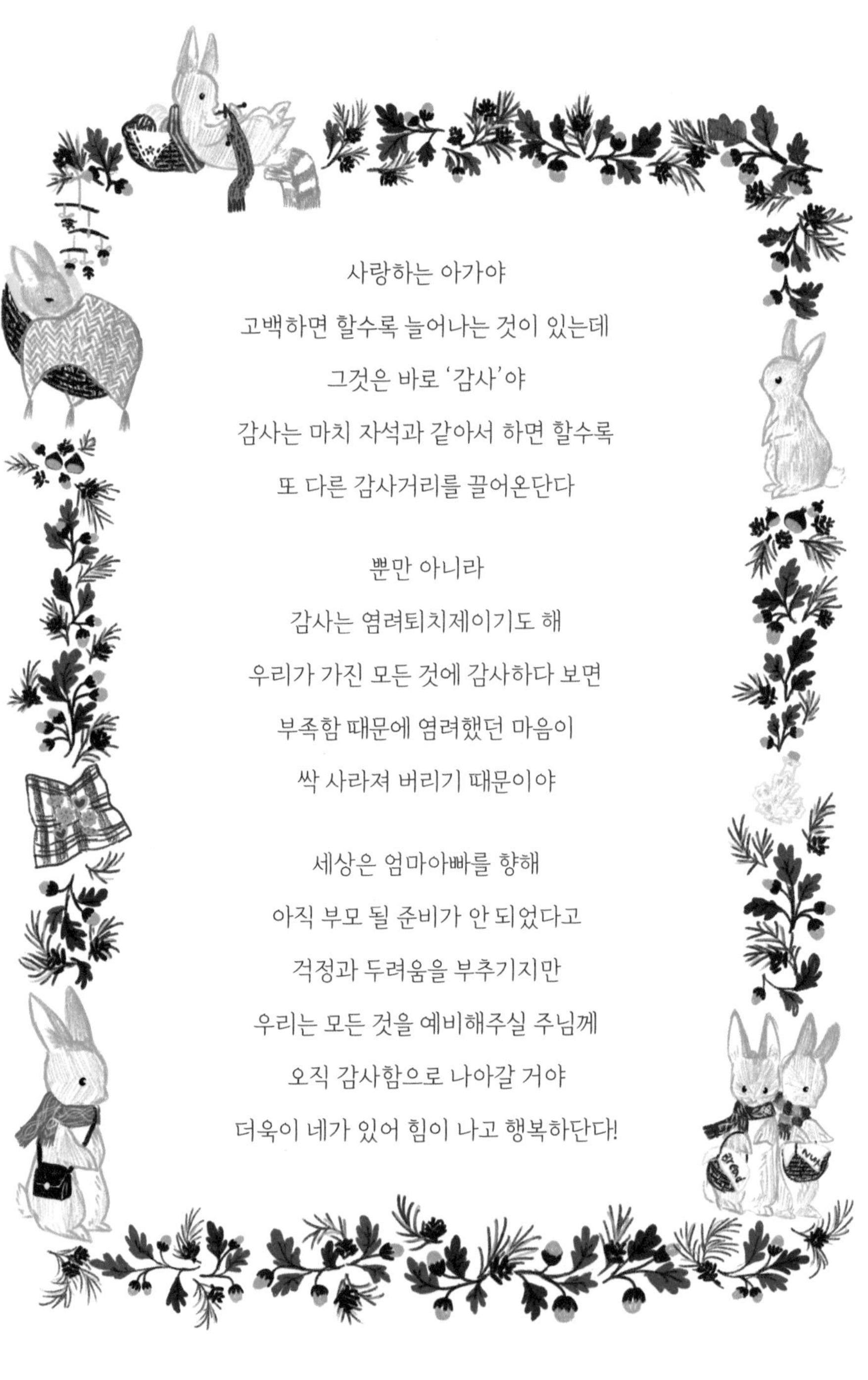

사랑하는 아가야

고백하면 할수록 늘어나는 것이 있는데

그것은 바로 '감사'야

감사는 마치 자석과 같아서 하면 할수록

또 다른 감사거리를 끌어온단다

뿐만 아니라

감사는 염려퇴치제이기도 해

우리가 가진 모든 것에 감사하다 보면

부족함 때문에 염려했던 마음이

싹 사라져 버리기 때문이야

세상은 엄마아빠를 향해

아직 부모 될 준비가 안 되었다고

걱정과 두려움을 부추기지만

우리는 모든 것을 예비해주실 주님께

오직 감사함으로 나아갈 거야

더욱이 네가 있어 힘이 나고 행복하단다!

선한 목자 되신 주님,

지금까지 저희에게 베풀어 주신 모든 것에 감사드립니다. 저희가 항상 아가와 함께 감사로 하루를 시작하고 감사로 하루를 마치는 삶을 살아가도록 인도해주세요. 아가가 언제 어디서나 감사로 주변을 밝히고, 불평이 아닌 감사함으로 주께 자신의 필요를 아뢰도록 이끌어 주세요. 하나님의 평강으로 그의 마음과 생각을 지켜 주세요.

주님, 어느새 염려하고 두려워하는 저희를 다시 감사의 자리로 회복시켜 주셔서 감사합니다. 이제 다시 범사에 감사하라는 주님의 뜻에 순종하리라 결단하오니 저희가 기도를 계속하고 기도에 감사함으로 깨어 있을 수 있도록 주의 은혜를 베풀어 주세요.

예수님의 이름으로 기도합니다. 아멘.

아무것도 염려하지 말고 다만 모든 일에 기도와 간구로, 너희 구할 것을 감사함으로 하나님께 아뢰라 그리하면 모든 지각에 뛰어난 하나님의 평강이 그리스도 예수 안에서 너희 마음과 생각을 지키시리라 빌 4:6-7

감사로 제사를 드리는 자가 나를 영화롭게 하나니 그의 행위를 옳게 하는 자에게 내가 하나님의 구원을 보이리라 시 50:23

하나님께서 지으신 모든 것이 선하매 감사함으로 받으면 버릴 것이 없나니 딤전 4:4

기도를 계속하고 기도에 감사함으로 깨어 있으라 골 4:2

네 입술은 불평을 멀리할 거야

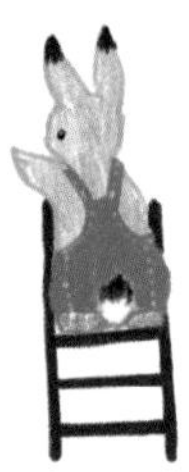

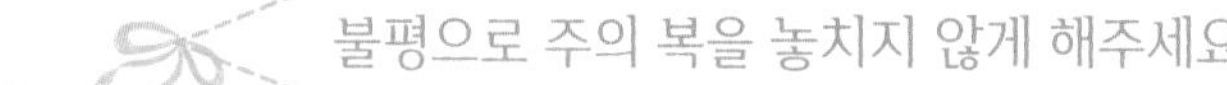

불평으로 주의 복을 놓치지 않게 해주세요

"분을 그치고 노를 버리며 불평하지 말라
오히려 악을 만들 뿐이라."
시 37:8

사랑하는 아가야

가는 곳마다 평화를 깨는 것이 있는데

그것은 바로 '불평'이란다

옛날 이스라엘 백성을

가장 힘들게 했던 것 역시 불평이었어

불평은 어찌나 쉽게 전염되는지

순식간에 큰 무리를 삼켜버리기도 한단다

사실 불평이라는 화살의 끝은

주님을 향하고 있어서 우리의 불평은

그분의 마음을 많이 아프게 하고

우리에게서 행복과 감사를 빼앗아 간단다

그러나 너무 걱정하지 않아도 돼

우린 주님 한 분만으로 만족하는 삶을 살 테니까

주님께서 우리 아가의

전부가 되어 주실 테니까

우리의 만족되시는 주님,

저희가 주님 한 분만으로 만족하게 해주셔서 감사합니다. 아가의 마음에도 만족함과 감사함이 넘쳐 그 마음에 어떠한 불평도 자리 잡지 못하도록 도와주세요. 화나는 일이 생기더라도 마음을 잘 다스려 죄를 짓지 않게 해주시고, 불평으로 자신뿐 아니라 많은 사람들을 악한 길로 인도하지 않도록 지켜 주세요. 아가가 속상하고 힘들 때마다 그 입술이 가장 먼저 주님께 간구하도록 인도해주세요.

주님, 오직 주님만이 저희의 기쁨이요 갈망임을 고백합니다. 저희 가정이 평생토록 주님만을 찬양하길 원하며 예수님의 이름으로 기도합니다. 아멘.

그러나 그들은 그가 행하신 일을 곧 잊어버리며 그의 가르침을 기다리지 아니하고 시 106:13

은을 사랑하는 자는 은으로 만족하지 못하고 풍요를 사랑하는 자는 소득으로 만족하지 아니하나니 이것도 헛되도다 전 5:10

내가 평생토록 여호와께 노래하며 내가 살아 있는 동안 내 하나님을 찬양하리로다 시 104:33

우리의 만족은 오직 하나님으로부터 나느니라 고후 3:5b

이 사람들은 원망하는 자며 불만을 토하는 자며 그 정욕대로 행하는 자라 그 입으로 자랑하는 말을 하며 이익을 위하여 아첨하느니라 유 1:16

은혜로 꽃을 피우는 말을 담아줄게

선한 말로 덕을 세우게 해주세요

"무릇 더러운 말은 너희 입 밖에도 내지 말고
오직 덕을 세우는 데 소용되는 대로 선한 말을 하여
듣는 자들에게 은혜를 끼치게 하라." 엡 4:29

사랑하는 아가야

곧 “응애” 하며 네 첫 소리를 들려주겠지?

그때 우린 정말 기쁘고 감격할 것 같아

네 작은 입으로 옹알이를 할 땐 또 얼마나 귀여울까?

아가야, 말이라는 것은 입 밖으로 내는 순간

실체가 되어 허공 속에서도 집을 짓는단다

그래서 예쁜 말을 하면 예쁜 집이

미운 말을 하면 미운 집이 세워지는 거야

우리는 네 예쁜 입술이

악한 말을 내지 않고 선한 말로

듣는 모든 이들에게 덕을 세우고 유익을 끼치며

하나님의 영광을 나타내길 축복해

은혜를 베푸시는 주님,

날마다 주의 살아 있는 말씀으로 저희 가정을 감싸 주셔서 감사합니다. 이 시간 주의 말씀으로 아가의 입술을 덮어 주셔서 그의 말을 듣는 사람들마다 희망과 위로, 힘을 얻게 해주세요. 그의 한마디 한마디가 덕이라는 꽃으로 피어나 듣는 모든 사람들에게 향기롭게 전해지게 해주세요. 보이지 않지만 보이는 것들을 무너뜨릴 수 있는 말의 힘을 깨닫고, 화평의 일과 덕을 세우는 말을 하도록 인도해주시길 간구합니다.

주님, 저희가 주님과 태중의 아가를 위하여 더욱 신중히 말할 수 있도록 저희 입술을 붙들어 주세요. 허물을 들추기보다 서로를 다독이고 세우는 말을 할 수 있게 해주세요. 예수님의 이름으로 기도합니다. 아멘.

그러므로 피차 권면하고 서로 덕을 세우기를 너희가 하는 것 같이 하라 살전 5:11

우리 각 사람이 이웃을 기쁘게 하되 선을 이루고 덕을 세우도록 할지니라 롬 15:2

너희 마음을 위로하시고 모든 선한 일과 말에 굳건하게 하시기를 원하노라 살후 2:17

이같이 세상에 소리의 종류가 많으나 뜻 없는 소리는 없나니 고전 14:10

이러므로 우리가 화평의 일과 서로 덕을 세우는 일을 힘쓰나니 롬 14:19

관계를 아름답게 세우는 말을 담아줄게

참된 것을 말하게 해주세요

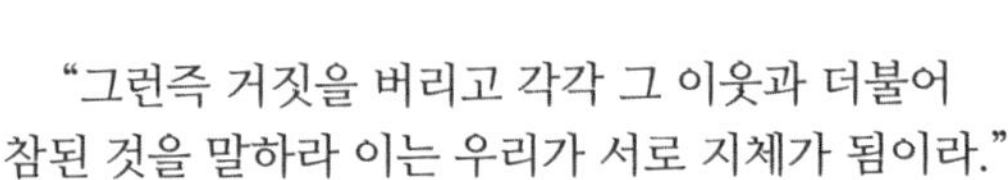

"그런즉 거짓을 버리고 각각 그 이웃과 더불어
참된 것을 말하라 이는 우리가 서로 지체가 됨이라."
엡 4:25

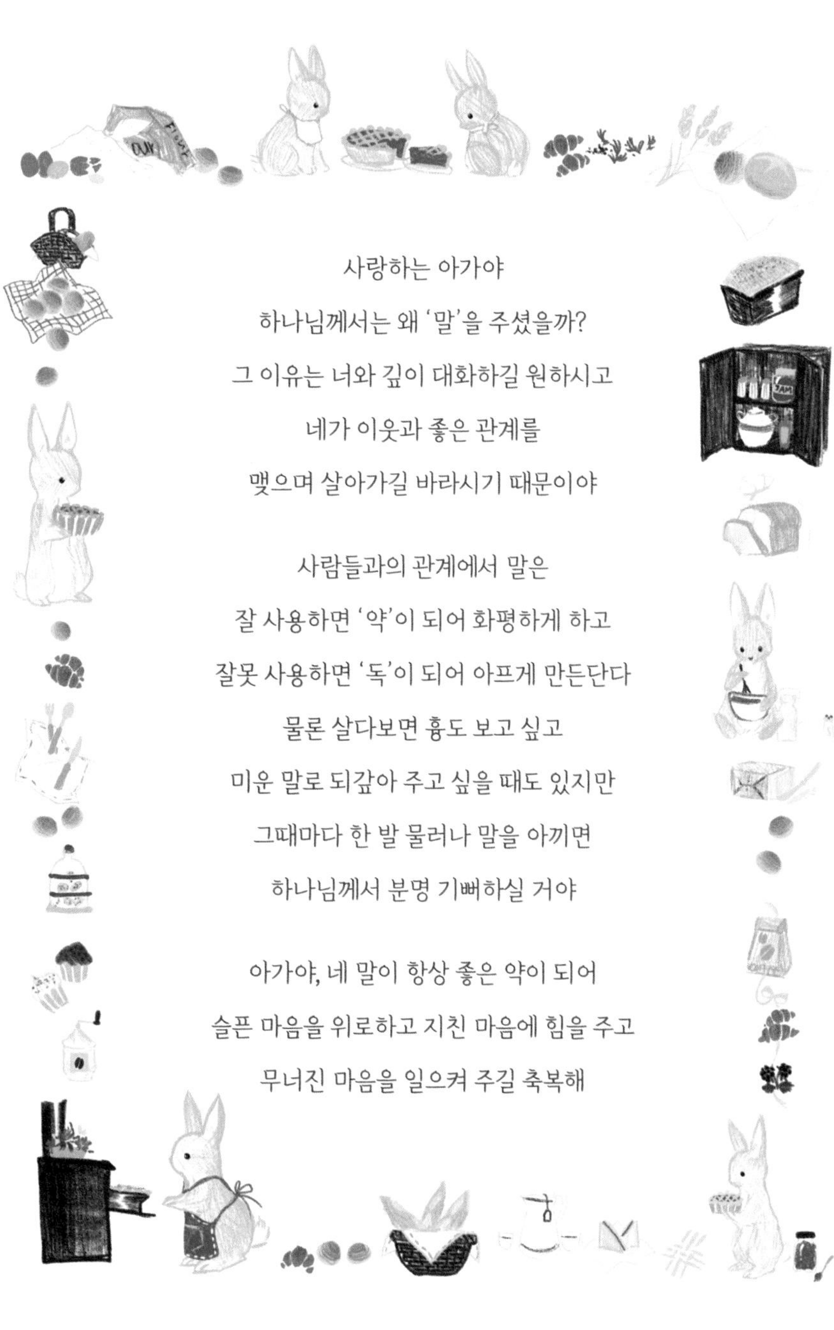

사랑하는 아가야

하나님께서는 왜 '말'을 주셨을까?

그 이유는 너와 깊이 대화하길 원하시고

네가 이웃과 좋은 관계를

맺으며 살아가길 바라시기 때문이야

사람들과의 관계에서 말은

잘 사용하면 '약'이 되어 화평하게 하고

잘못 사용하면 '독'이 되어 아프게 만든단다

물론 살다보면 흉도 보고 싶고

미운 말로 되갚아 주고 싶을 때도 있지만

그때마다 한 발 물러나 말을 아끼면

하나님께서 분명 기뻐하실 거야

아가야, 네 말이 항상 좋은 약이 되어

슬픈 마음을 위로하고 지친 마음에 힘을 주고

무너진 마음을 일으켜 주길 축복해

참되신 언약의 주님,

아가의 입술에 파수꾼을 세워 주셔서 거짓되고 더러운 말을 구별하여 입에 담지 않도록 지켜 주세요. 거짓으로 비방하고 판단하는 말을 버리고, 정직하고 참된 말을 하며 살아가도록 인도해 주세요. 아가가 머무르는 자리마다 진실하고 신실한 사람들과 좋은 관계를 맺고, 경우에 합당한 말을 함으로써 귀히 여김을 받게 해주세요.

주님, 이 시간 말로 인해 상처받은 저희 마음도 만져 주시길 간구합니다. 저희 가정이 마귀에게 틈을 주지 않고 서로를 긍휼히 여기며 용서하게 해주세요. 어리석은 말이나 희롱의 말을 하지 않고 감사하는 말을 하게 해주세요. 아가가 태 안에서부터 엄마 아빠의 참된 말, 사랑의 언어를 들으며 안정된 심령으로 자라가길 원하며 예수님의 이름으로 기도합니다. 아멘.

마귀에게 틈을 주지 말라 … 너희는 모든 악독과 노함과 분냄과 떠드는 것과 비방하는 것을 모든 악의와 함께 버리고 서로 친절하게 하며 불쌍히 여기며 서로 용서하기를 하나님이 그리스도 안에서 너희를 용서하심과 같이 하라 엡 4:27, 31-32

누추함과 어리석은 말이나 희롱의 말이 마땅치 아니하니 돌이켜 감사하는 말을 하라 엡 5:4

경우에 합당한 말은 아로새긴 은 쟁반에 금 사과니라 잠 25:11

네 소리는 늘 사랑스러울 거야

말에 실수가 없도록 지켜 주세요

"우리가 다 실수가 많으니
만일 말에 실수가 없는 자라면 곧 온전한 사람이라
능히 온몸도 굴레 씌우리라." 약 3:2

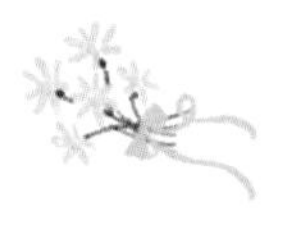

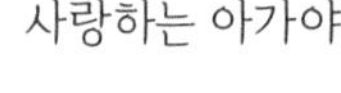

사랑하는 아가야

우리는 늘 실수를 하는데 특히 말에
실수가 많아서 혀를 잘 다스려야 한단다
혀는 우리 몸의 아주 작은 지체이지만 사람을
살리기도 죽이기도 하는 큰 힘이 있기 때문이야

그러면 이 작은 혀를 어떻게 다스리면 좋을까?
먼저는 우리 마음에 사랑을 품어야 해
그러면 미운 말을 하려는 혀를 붙들어
사랑을 북돋아 주는 말로 변화시켜줄 거야
그 다음으로는 말의 결과를 다 아시는
주님께 지혜를 구해야 한단다
그러면 말이 신중해져 좋은 열매를 맺을 거야

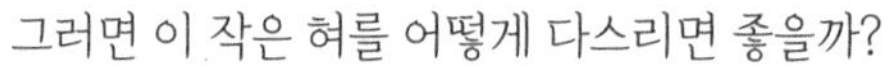

아가야, 네가 혀를 잘 다스려
말에 실수가 없는 자로 자라가고
하나님 앞에 온전한 자라 칭찬받길 축복해

모든 것을 다 아시는 주님,

주님의 능하신 도움의 손길을 의지하여 간구합니다. 아가가 기쁘게도 슬프게도 할 수 있는 자신의 작은 혀를 잘 다스리는 지혜로운 자로 자라가도록 이끌어 주세요. 주님의 사랑을 마음 깊이 담아 넉넉한 이해와 사랑으로 말하고, 늘 자신의 말의 결과를 생각하면서 신중히 말할 수 있도록 도와주세요.

주님, 저희 가정이 사랑의 터 위에 굳게 세워지길 원합니다. 저희에게 허락하신 새 생명을 통하여 하나님 아버지의 마음과 사랑을 더욱 깊이 깨닫게 해주세요. 저희 입에서 정죄를 제하여 주시고, 늘 서로에게 사랑을 표현하게 해주세요. 거룩한 주님의 자녀로 살아가길 소망하며 예수님의 이름으로 기도합니다. 아멘.

사랑은 오래 참고 사랑은 온유하며 시기하지 아니하며 사랑은 자랑하지 아니하며 교만하지 아니하며 고전 13:4

생명을 사모하고 연수를 사랑하여 복 받기를 원하는 사람이 누구뇨 네 혀를 악에서 금하며 네 입술을 거짓말에서 금할지어다 시 34:12-13

죽고 사는 것이 혀의 힘에 달렸나니 혀를 쓰기 좋아하는 자는 혀의 열매를 먹으리라 잠 18:21

내가 너희에게 이르노니 사람이 무슨 무익한 말을 하든지 심판 날에 이에 대하여 심문을 받으리니 네 말로 의롭다 함을 받고 네 말로 정죄함을 받으리라 마 12:36-37

꿀꺽 삼켜야 하는 말이 있단다

말을 절제하게 해주세요

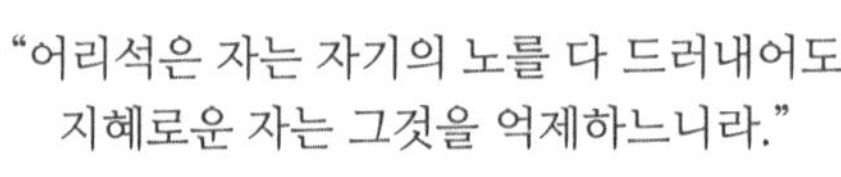

"어리석은 자는 자기의 노를 다 드러내어도
지혜로운 자는 그것을 억제하느니라."
잠 29:11

사랑하는 아가야

돌아보면

"왜 그때 그 말을 참지 못했지"

하고 후회되는 순간들이 참 많단다

그러니 불평하고 싶을 때

그 말을 꿀꺽 삼켜 보렴

불평은 네 마음과 주변을 병들게 하기 때문이야

아가야, 억울한 말을 들었을 때도

그 말을 꿀꺽 삼켜 보렴

재판장이신 주님께서

네 억울함을 풀어 주시고

인내를 이루어가는 널 귀히 여기사

부족함 없이 모두 채워주실 거야

널 기쁘게 여기사

항상 도와주실 거야

재판장 되시는 주님,

이 세상을 사랑과 공의로 다스려 주셔서 감사합니다. 아가가 주님의 성품을 닮아 어려서부터 말의 감정을 잘 다스리게 해주세요. 하고 싶은 말을 다 뱉지 않는 인내와 절제, 지혜를 허락해주시고, 입에 담아야 할 말과 삼켜야 할 말을 분별하게 해주세요. 아가가 불필요한 말을 꿀꺽 삼켜 자신의 영혼도 이웃의 영혼도 구하는 삶을 살아가길 원합니다. 말의 유익을 배워가며 자신과 공동체를 단단히 지켜나가도록 인도해주세요.

주님, 저희가 아가에게 순종을 단호히 가르칠 수 있길 원합니다. 잘못된 일을 감싸거나 무조건 편들지 않도록 도와주세요. 또한 저희 감정과 판단이 아닌 주님의 말씀을 기준으로 훈계하게 해주세요. 저희가 입술을 지킬 때에 저희 영혼을 환난에서 건져 주실 것을 믿으며 예수님의 이름으로 기도합니다. 아멘.

분을 그치고 노를 버리며 불평하지 말라 오히려 악을 만들 뿐이라 시 37:8

자녀들아 모든 일에 부모에게 순종하라 이는 주 안에서 기쁘게 하는 것이니라 골 3:20

입과 혀를 지키는 자는 그 영혼을 환난에서 보전하느니라 잠 21:23

그런즉 여호와께서 재판장이 되어 나와 왕 사이에 심판하사 나의 사정을 살펴 억울함을 풀어 주시고 나를 왕의 손에서 건지시기를 원하나이다 하니라 삼상 24:15

네 귀는 복된 소리로 가득하구나

주의 말씀에 귀를 기울이게 해주세요

"너희는 귀를 기울이고 내게로 나아와 들으라
그리하면 너희의 영혼이 살리라."
사 55:3a

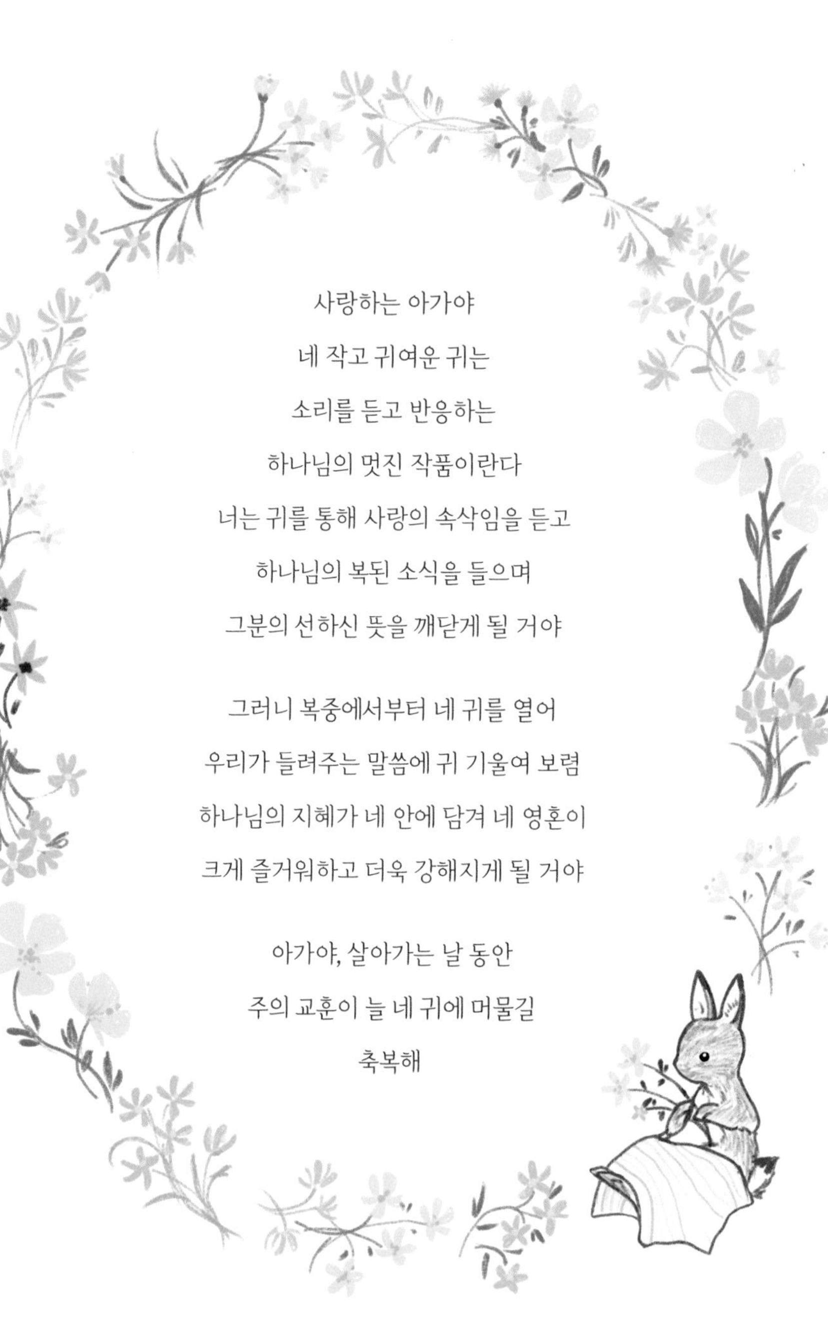

사랑하는 아가야
네 작고 귀여운 귀는
소리를 듣고 반응하는
하나님의 멋진 작품이란다
너는 귀를 통해 사랑의 속삭임을 듣고
하나님의 복된 소식을 들으며
그분의 선하신 뜻을 깨닫게 될 거야

그러니 복중에서부터 네 귀를 열어
우리가 들려주는 말씀에 귀 기울여 보렴
하나님의 지혜가 네 안에 담겨 네 영혼이
크게 즐거워하고 더욱 강해지게 될 거야

아가야, 살아가는 날 동안
주의 교훈이 늘 네 귀에 머물길
축복해

날마다 사랑의 음성을 들려주시는 주님,

저희에게 주의 말씀을 사모하는 마음을 주시고 귀를 열어 깨닫게 해주셔서 감사합니다. 아가에게도 잘 듣고 바르게 반응하는 건강한 귀를 창조해주셔서 복중에서부터 자신을 부르는 주님의 음성에 기쁨으로 반응하게 해주세요. 평생에 주님의 말씀을 자세히 주의하여 듣고 기쁨으로 행하도록 도와주세요. 주님의 교훈으로 인도하여 주사 주께로 더욱 가까이 이끌어 주시길 소망합니다.

주님, 아가가 태 안에서 저희 말에 귀를 기울이듯 저희도 아가의 마음의 소리까지 세심하게 듣는 부모가 되길 원합니다. 아가가 자신의 마음을 표현할 때까지 잠잠히 기다리고 품어 줄 수 있는 마음을 허락해주세요. 자녀와의 즐거운 대화가 끊이지 않는 가정되길 소망하며 예수님의 이름으로 기도합니다. 아멘.

섬들아 내게 들으라 먼 곳 백성들아 귀를 기울이라 여호와께서 태에서부터 나를 부르셨고 내 어머니의 복중에서부터 내 이름을 기억하셨으며 사 49:1

사무엘이 이르되 말씀하옵소서 주의 종이 듣겠나이다 하니 삼상 3:10b

주의 교훈으로 나를 인도하시고 후에는 영광으로 나를 영접하시리니 시 73:24

하나님께 가까이 함이 내게 복이라 내가 주 여호와를 나의 피난처로 삼아 주의 모든 행적을 전파하리이다 시 73:28

주께서 학자 같이 깨닫게 해주실 거야

듣는 모든 소리를 깨우치게 해주세요

"아침마다 깨우치시되 나의 귀를 깨우치사
학자들 같이 알아 듣게 하시도다."
사 50:4

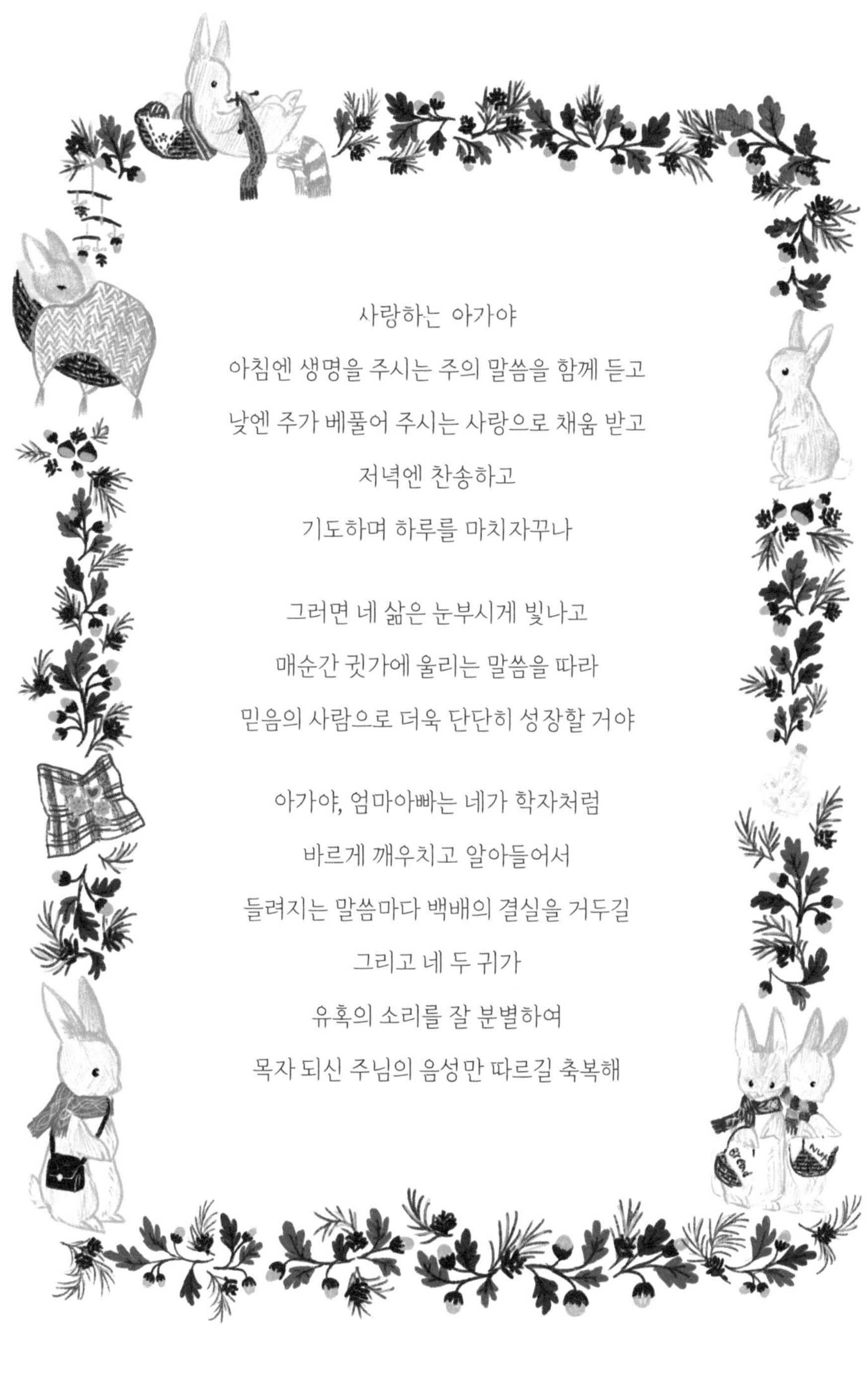

사랑하는 아가야

아침엔 생명을 주시는 주의 말씀을 함께 듣고

낮엔 주가 베풀어 주시는 사랑으로 채움 받고

저녁엔 찬송하고

기도하며 하루를 마치자꾸나

그러면 네 삶은 눈부시게 빛나고

매순간 귓가에 울리는 말씀을 따라

믿음의 사람으로 더욱 단단히 성장할 거야

아가야, 엄마아빠는 네가 학자처럼

바르게 깨우치고 알아들어서

들려지는 말씀마다 백배의 결실을 거두길

그리고 네 두 귀가

유혹의 소리를 잘 분별하여

목자 되신 주님의 음성만 따르길 축복해

귀를 깨우쳐 주시는 주님,

아가를 품고 있는 이 시간을 구별하여 주의 말씀에 더욱 귀를 기울이길 원합니다. 저희 귀를 열어 주사 학자들 같이 알아 듣고 깨우치게 해주세요. 아침마다 주의 인자하신 음성을 듣게 해주세요. 저희가 주를 의뢰하며 아뢸 때마다 행할 길을 알려 주시고, 생명의 주님께 찬송하며 기도하게 해주세요. 어떠한 상황 속에서도 믿음을 지키는 가정이 되도록 저희를 붙들어 주세요.

주님, 아가가 좋은 땅에 떨어진 씨와 같이 말씀을 잘 듣고 깨달아 백배의 결실을 거두는 삶을 살아가길 원합니다. 유혹하는 세상의 모든 달콤한 소리를 거절하고, 오직 선한 목자 되시는 주님의 음성만을 따르도록 이끌어 주세요. 예수님의 이름으로 기도합니다. 아멘.

아침에 나로 하여금 주의 인자한 말씀을 듣게 하소서 내가 주를 의뢰함이니이다 시 143:8

낮에는 여호와께서 그의 인자하심을 베푸시고 밤에는 그의 찬송이 내게 있어 생명의 하나님께 기도하리로다 시 42:8

주 여호와께서 나의 귀를 여셨으므로 내가 거역하지도 아니하며 뒤로 물러가지도 아니하며 사 50:5

좋은 땅에 뿌려졌다는 것은 말씀을 듣고 깨닫는 자니 결실하여 어떤 것은 백 배, 어떤 것은 육십 배, 어떤 것은 삼십 배가 되느니라 하시더라 마 13:23

오직 내 말을 듣는 자는 평안히 살며 재앙의 두려움이 없이 안전하리라 잠 1:33

엄마아빠의 이야기를 들어줘서 고마워

속히 듣고 바르게 행하도록 인도해주세요

"내 사랑하는 형제들아 너희가 알지니
사람마다 듣기는 속히 하고 말하기는 더디 하며
성내기도 더디 하라." 약 1:19

사랑하는 아가야

귀가 입보다 하나 더 많은 이유는

잘 듣는 게 말을 잘하는 것보다

더 중요하기 때문이란다

살아보니 말을 잘하는 사람보다

말을 잘 들어주는 사람이 더 고맙고 귀하더라

그래서 우린 네가 잘 경청하는 사람이 되길 바래

친구의 어려움에 귀를 기울이고

마음으로 들어주는 따뜻한 벗이 되어 주길 바래

마음을 나눌 수 있는 벗이 된다는 건

아주 귀한 보석을 얻은 것과 같단다

아가야, 엄마 배 속에서 하루 종일

우리의 모든 말을 잘 들어줘서 고마워

언제나 네가 듣기는 속히 하고

말하기와 노하기는 더디 하길

축복해

우리의 간구를 들으시는 주님,
이 시간 저희 소원을 주께 아뢰오니 아가에게 경청하여 듣는 귀를 허락하사 듣기는 속히 하고 말하기는 더디 하게 해주세요. 기다림의 인내와 지혜도 허락하사 조급하거나 성급하게 말하지 않도록 붙들어 주시고, 자기 말만 하지 않고 깊이 경청함으로써 사람의 마음을 얻는 자로 성장하게 해주세요.
주님, 아가가 허탄한 이야기를 따르지 않길 원합니다. 자신의 욕심을 위해 스승을 많이 두지 않게 해주시고, 세상의 고함소리에 짓눌리지 않게 해주세요. 언제나 주의 말씀으로 바른 교훈을 받아 믿음으로 영생의 복을 누리길 원하며 예수님의 이름으로 기도합니다. 아멘.

사연을 듣기 전에 대답하는 자는 미련하여 욕을 당하느니라 잠 18:13

미련한 자는 명철을 기뻐하지 아니하고 자기의 의사를 드러내기만 기뻐하느니라 잠 18:2

사람의 마음에 있는 모략은 깊은 물 같으니라 그럴지라도 명철한 사람은 그것을 길어 내느니라 잠 20:5

때가 이르리니 사람이 바른 교훈을 받지 아니하며 귀가 가려워서 자기의 사욕을 따를 스승을 많이 두고 또 그 귀를 진리에서 돌이켜 허탄한 이야기를 따르리라 딤후 4:3-4

너는 곧은 의지를 가지고 있단다

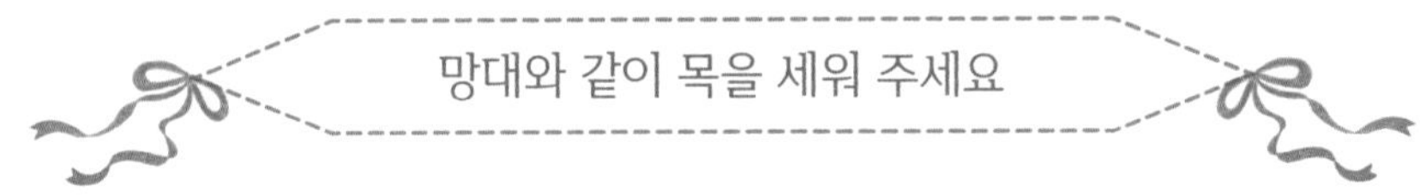

망대와 같이 목을 세워 주세요

"네 목은 무기를 두려고 건축한 다윗의 망대 곧
방패 천 개, 용사의 모든 방패가 달린 망대 같고."
아 4:4

사랑하는 아가야

작디작은 네가 힘을 다해 뒤집기를 시작하고

목을 세울 때 얼마나 신기하고 놀라울까?

이제 곧 마주할 그날에 우리가 힘껏 응원해줄게

그런데 말이야 온 힘을 다해 목을 세우듯

이 세상에서 의지를 굳게 세워

뜻을 펼치는 건 생각보다 쉽지 않단다

만약 그런 경우를 만나면 이렇게 기도하렴

"주님, 시험을 이길 수 있는 강인하고

단단한 상아 망대와 같은 목을 갖게 해주세요!"

아가야, 강하게 단련된 목이

머리를 지탱하고 몸을 연결하듯

말씀을 의지하는 네 영혼의 곧은 목이

네 삶을 굳건히 지탱하는 믿음의 망대 되어

승리의 증거들을 목에 걸고 세상을 향해

담대히 나아가길 축복해

승리를 주시는 주님,

주님의 이름을 힘입어 승리하는 삶을 살아가게 해주셔서 감사합니다. 아가도 엄마 배 속에서 매일매일 승리하여 아주 건강하게 태어나게 해주세요.

주님, 아가에게 튼튼한 목과 말씀으로 단련된 곧은 의지의 목을 허락해주시길 간구합니다. 세상의 불의 앞에 목을 숙이지 않고, 어떤 유혹 앞에서도 흔들리지 않는 깨끗하고 강한 상아 망대와 같은 목으로 빚어 주세요. 어디서든 하나님의 살아계심을 나타내는 곧은 의지의 목으로 믿음의 망대를 세워가게 해주세요. 하나님의 말씀이 그의 의지가 되어 승리의 열매를 맺게 해주세요.

아가를 품고 있는 이 시간, 저희가 주를 더욱 의지함으로 담대해지길 원하며 예수님의 이름으로 기도합니다. 아멘.

목은 상아 망대 같구나 아 7:4a

우리가 하나님을 의지하고 용감하게 행하리니 그는 우리의 대적을 밟으실 이심이로다 시 60:12

오직 오늘이라 일컫는 동안에 매일 피차 권면하여 너희 중에 누구든지 죄의 유혹으로 완고하게 되지 않도록 하라 히 3:13

우리 주 예수 그리스도로 말미암아 우리에게 승리를 주시는 하나님께 감사하노니 고전 15:57

불의한 자가 하나님의 나라를 유업으로 받지 못할 줄을 알지 못하느냐 미혹을 받지 말라 고전 6:9

겸손이 널 더욱 빛나게 할 거야

"주 앞에서 낮추라 그리하면 주께서 너희를 높이시리라."
약 4:10

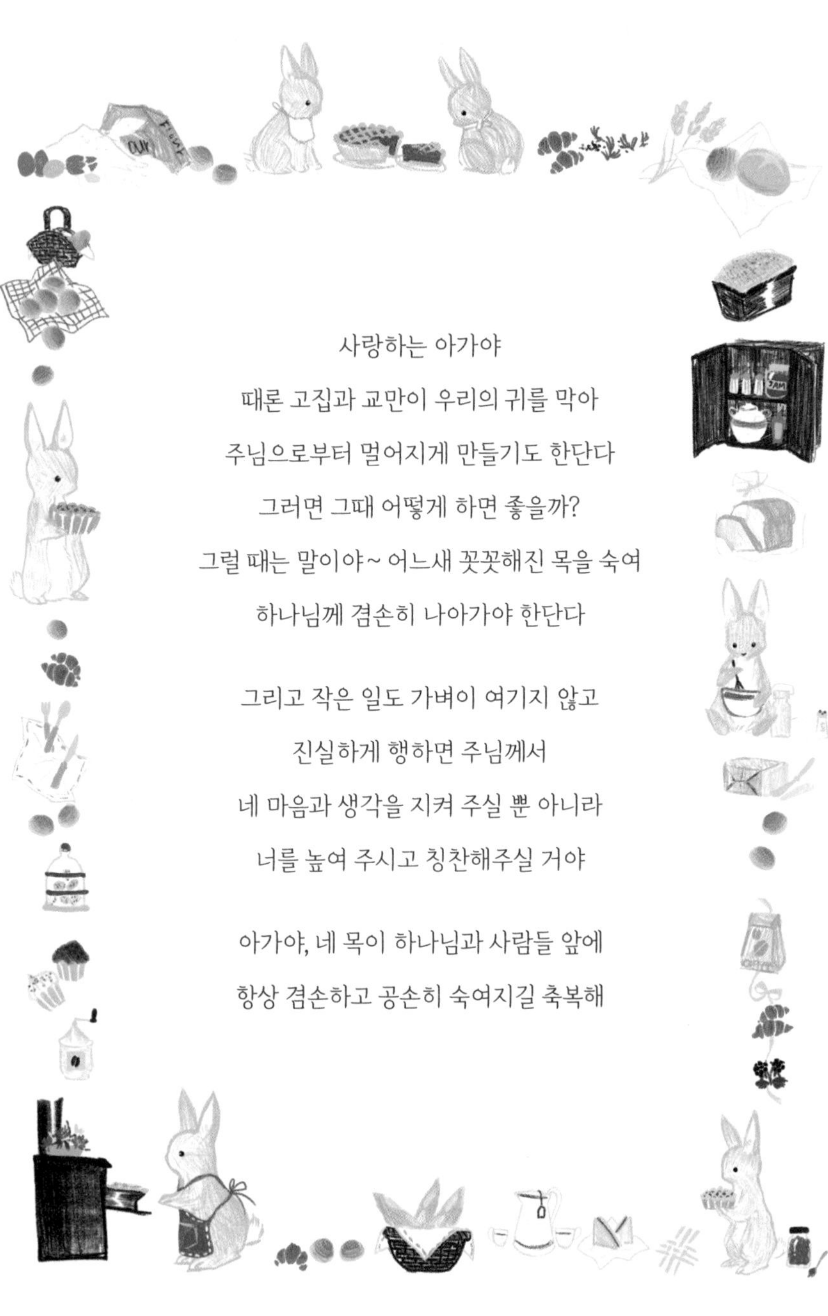

사랑하는 아가야

때론 고집과 교만이 우리의 귀를 막아

주님으로부터 멀어지게 만들기도 한단다

그러면 그때 어떻게 하면 좋을까?

그럴 때는 말이야~ 어느새 꼿꼿해진 목을 숙여

하나님께 겸손히 나아가야 한단다

그리고 작은 일도 가벼이 여기지 않고

진실하게 행하면 주님께서

네 마음과 생각을 지켜 주실 뿐 아니라

너를 높여 주시고 칭찬해주실 거야

아가야, 네 목이 하나님과 사람들 앞에

항상 겸손하고 공손히 숙여지길 축복해

낮은 자를 높여 주시는 주님,

저희가 높은 마음보다 낮고 겸손한 마음을 구하게 해주셔서 감사합니다. 아가가 나쁜 일에 고집을 부리거나 자존심을 내세우지 않고, 주의 말씀 앞에 순종하는 부드러운 목을 갖게 해주세요. 세상에서는 미련하게 보일지라도 주의 말씀에 힘써 순종하고, 주의 훈계를 귀히 여기게 해주세요. 작은 일에 충성함으로써 많은 것을 맡을 수 있는 착하고 충성된 일꾼 되어 주께 칭찬받기를 원합니다.

주님, 아가가 고집하는 어깨를 내밀어 목을 곧게 하지 않도록 붙들어 주세요. 그때마다 저희가 지혜롭게 훈계하도록 도와주시고, 겸손의 본을 보이게 해주세요. 저희의 높은 마음과 고집이 아닌 주님의 마음을 닮게 해주세요. 예수님의 이름으로 기도합니다. 아멘.

그들이 교만하여 사람이 준행하면 그 가운데에서 삶을 얻는 주의 계명을 듣지 아니하며 주의 규례를 범하여 고집하는 어깨를 내밀며 목을 굳게 하여 듣지 아니하였나이다 느 9:29

그 주인이 이르되 잘하였도다 착하고 충성된 종아 네가 적은 일에 충성하였으매 내가 많은 것을 네게 맡기리니 네 주인의 즐거움에 참여할지어다 하고 마 25:23

자주 책망을 받으면서도 목이 곧은 사람은 갑자기 패망을 당하고 피하지 못하리라 잠 29:1

정의로운 길을 담대히 걸어가렴

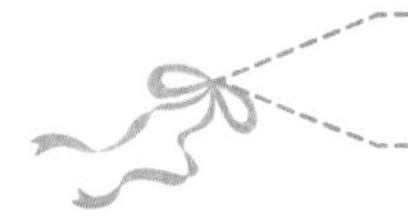

목을 꼿꼿이 세우고 맞서게 해주세요

"불의를 기뻐하지 아니하며."
고전 13:6

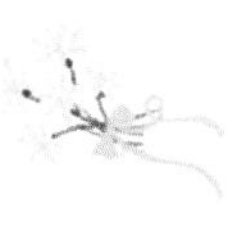

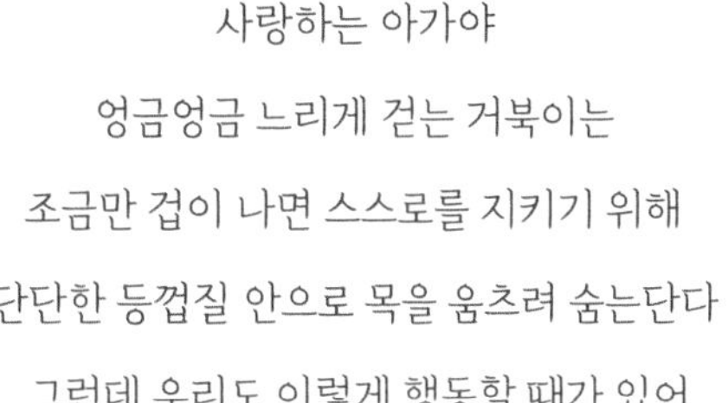

사랑하는 아가야
엉금엉금 느리게 걷는 거북이는
조금만 겁이 나면 스스로를 지키기 위해
단단한 등껍질 안으로 목을 움츠려 숨는단다
그런데 우리도 이렇게 행동할 때가 있어

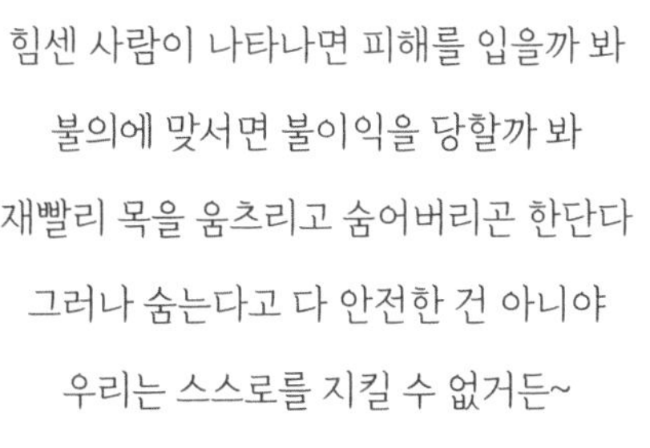

힘센 사람이 나타나면 피해를 입을까 봐
불의에 맞서면 불이익을 당할까 봐
재빨리 목을 움츠리고 숨어버리곤 한단다
그러나 숨는다고 다 안전한 건 아니야
우리는 스스로를 지킬 수 없거든~
오직 우리를 지켜 주시는 분은 하나님뿐이셔

아가야, 하나님이 너와 함께 하시니
세상의 불의 앞에 목을 꼿꼿이 세우고 맞서렴
주님께서 그분의 이름을 위하여
너를 대신하여 싸워 주실 거야

전쟁에 능하신 주님,

저희를 불의에서 건져 주시고 정의로운 마음으로 살아가게 해 주셔서 감사합니다. 저희 아가도 세상의 모든 불의로부터 지켜 주시고, 불의한 일을 당할 때에 목을 움츠리거나 숨지 않고 주를 의지함으로써 담대히 의를 행하도록 도와주세요. 불의로 고통받는 사람들을 외면하지 않고, 악인의 편에 서지 않으며 의인의 억울한 눈물을 닦아 주는 선한 삶을 살아가도록 인도해주세요. 주님, 불의한 세상에서 어떻게 아이를 키워야 할지 걱정도 되고 두렵기도 합니다. 저희가 주님의 사랑 안에서 불의를 기뻐하지 아니하고 두려워하거나 놀라지 아니하며 전쟁에 능하신 주님을 의지하여 담대히 나아가도록 저희 마음을 강하게 붙들어 주세요. 예수님의 이름으로 기도합니다. 아멘.

너희는 이 큰 무리로 말미암아 두려워하거나 놀라지 말라 이 전쟁은 너희에게 속한 것이 아니요 하나님께 속한 것이니라 대하 20:15

참으로 그들은 불의를 행하지 아니하고 주의 도를 행하는도다 시 119:3

악인을 두둔하는 것과 재판할 때에 의인을 억울하게 하는 것이 선하지 아니하니라 잠 18:5

정의를 행하는 것이 의인에게는 즐거움이요 죄인에게는 패망이니라 잠 21:15

믿음의 경주를 함께 달리자

어깨에 진 무거운 짐을 내려 주세요

"모든 무거운 것과 얽매이기 쉬운 죄를 벗어 버리고
인내로써 우리 앞에 당한 경주를 하며."
히 12:1

사랑하는 아가야

지금 출산가방에 무엇을 넣을지

고민 중이야

우리 아가를 위한 첫 가방이기에

빠진 것 없이 정말 잘 준비하고 싶거든~

이 가방은 아무리 무거워도 번쩍 들 수 있을 것 같아

아가야, 네가 자랄수록 책임져야 할 것들이

하나둘씩 늘어나 점점 네 어깨도 무거워지겠지,

그러면 빨리 달려가고 싶어도 속도가 느려져서

계속 뒤쳐지거나 주저앉아 버리게 된단다

만약 죄짐으로 인해 네 믿음의 걸음이 늦춰진다면

모든 짐을 주께 맡기고 네 어깨를 가볍게 하렴

풍랑이 가로막고 풍요가 손짓하더라도

네가 믿음의 경주를

끝까지 힘 있게 달려나가길 축복해

날마다 우리의 짐을 지시는 주님,

이 시간 날마다 저희의 짐을 지시는 구원의 주님을 찬송합니다. 아가가 광야와 같은 인생길을 걸어갈 때, 얽매이기 쉬운 죄의 짐을 벗어 버리고 인내와 믿음으로 달려가게 해주세요. 먹을 것 입을 것 쓸 것을 공급해주시는 주를 경험함으로 생활의 모든 염려에서 자유하게 해주세요. 구원을 베풀어 주시는 주님으로 인하여 그 삶에 감사와 찬양이 넘쳐나길 원합니다.

주님, 출산과 양육을 무거운 짐이라고 말하는 세상 가운데, 저희가 새 생명이 얼마나 큰 축복이며 기쁨인지를 증거하게 해주세요. 주님의 거룩한 세대가 생육하고 번성하여 땅에 충만하도록 이 땅을 축복해주세요. 예수님의 이름으로 기도합니다. 아멘.

날마다 우리 짐을 지시는 주 곧 우리의 구원이신 하나님을 찬송할지로다 시 68:19

이르시되 내가 그의 어깨에서 짐을 벗기고 그의 손에서 광주리를 놓게 하였도다 시 81:6

너희 염려를 다 주께 맡기라 이는 그가 너희를 돌보심이라 벧전 5:7

이는 그들이 무겁게 멘 멍에와 그들의 어깨의 채찍과 그 압제자의 막대기를 주께서 꺾으시되 미디안의 날과 같이 하셨음이니이다 사 9:4

그날에 그의 무거운 짐이 네 어깨에서 떠나고 그의 멍에가 네 목에서 벗어지되 기름진 까닭에 멍에가 부러지리라 사 10:27

네 어깨는 사랑을 지게 될 거야

이웃의 짐을 나눠지게 해주세요

"너희가 짐을 서로 지라
그리하여 그리스도의 법을 성취하라."
갈 6:2

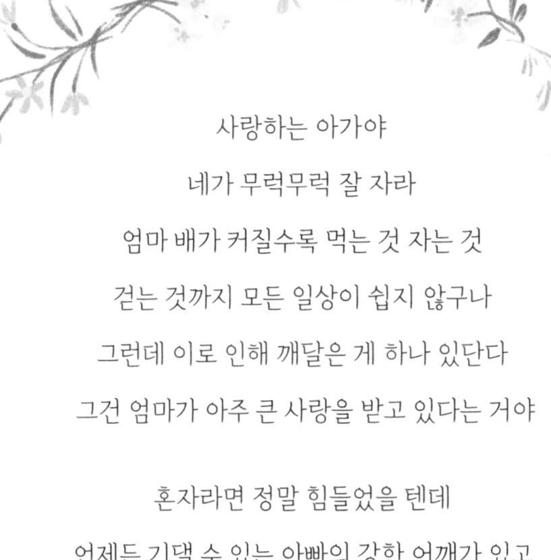

사랑하는 아가야
네가 무럭무럭 잘 자라
엄마 배가 커질수록 먹는 것 자는 것
걷는 것까지 모든 일상이 쉽지 않구나
그런데 이로 인해 깨달은 게 하나 있단다
그건 엄마가 아주 큰 사랑을 받고 있다는 거야

혼자라면 정말 힘들었을 텐데
언제든 기댈 수 있는 아빠의 강한 어깨가 있고
어디든 배려해주는 사람들이 있어
얼마나 감사한지 몰라

아가야, 우리가 받고 있는 이 든든한 사랑을
꼭 기억하고
감사하면서 살아가자
언젠가 네 어깨도 누군가의 짐을
기쁘게 나눠질 수 있길 축복해

우리의 도움 되시는 주님,

임신 기간 동안 저희가 얼마나 많은 사랑과 도움을 받고 있는지 깨닫게 해주셔서 감사합니다. 저희를 도와주신 모든 분들에게 주님의 평안을 내려주시고, 그분들이 진정한 도움이 되시는 주님을 만나게 해주세요. 또한 저희가 사랑받는 것을 당연하게 생각하지 않고, 그 사랑을 힘입어 겸손히 다른 누군가를 섬기게 해주세요.

주님, 아가에게 이웃의 짐을 나눠질 수 있는 강한 어깨를 허락해주시길 간구합니다. 자신의 소유를 기쁘게 나누고, 도움이 필요한 사람들을 외면하지 않게 해주세요. 주님을 대하듯 사람들을 대하게 해주시고, 혼자 힘으로가 아닌 이웃과 더불어 함께 살아가게 해주세요. 예수님의 이름으로 기도합니다. 아멘.

내가 그를 위하여 돕는 배필을 지으리라 하시니라 창 2:18b

당신도 평안하고 당신을 돕는 자에게도 평안이 있을지니 이는 당신의 하나님이 당신을 도우심이니이다 대상 12:18

대답하여 이르되 옷 두 벌 있는 자는 옷 없는 자에게 나눠줄 것이요 먹을 것이 있는 자도 그렇게 할 것이니라 하고 눅 3:11

날마다 우리 짐을 지시는 주 곧 우리의 구원이신 하나님을 찬송할지로다 시 68:19

마음에 쉼을 주는 멍에만 지렴

주의 가벼운 짐을 지게 해주세요

"나는 마음이 온유하고 겸손하니 나의 멍에를 메고 내게 배우라."
마 11:29

사랑하는 아가야

네가 자랄수록

짊어질 삶의 짐도 늘어날 텐데

네 작은 어깨로 어떻게 다 지고 갈 수 있을까?

그런데 너무 걱정하지 않아도 된단다

어깨에 지면 질수록 가벼워지는 짐이 있거든~

그것은 바로 마음이 온유하고 겸손하신

예수님의 멍에, 그분의 짐이야

이제 너도 곧 그분 앞에서

가볍게 걸어가는 법을 배우게 될 거란다

아가야, 평생에 마음이 온유하고 겸손하신

예수님의 멍에를 지고

마음에 쉼을 얻길 축복해

우리 함께 십자가의 길을 기쁘게 걸어가자

우리를 죄에서 건져 주신 주님,
이 시간 저희를 향하여 “내게로 오라”고 말씀해주셔서 감사합니다. 수고하고 무거운 짐, 저희 힘으로 해결할 수 없는 죄의 짐을 지고 주께로 나아가오니 저희 마음에 쉼을 허락해주세요. 세상이 알 수 없는 가장 평안한 태교를 할 수 있도록 저희를 인도해주세요. 아가가 태 안에서부터 마음이 온유하고 겸손하신 주님의 품에 안겨 쉼을 누리길 간절히 원합니다.
주님, 아가가 우리를 죄에서 구원하여 주신 주님의 은혜 안에 살아가도록 인도해주세요. 긍휼과 자비, 온유와 오래 참음으로 옷입혀 주시고, 주님의 아름다운 성품을 갖게 해주세요. 어느 누구보다 예수님을 닮아 기쁘게 십자가의 길을 걸어가길 소망하며 예수님의 이름으로 기도합니다. 아멘.

수고하고 무거운 짐 진 자들아 다 내게로 오라 내가 너희를 쉬게 하리라 나는 마음이 온유하고 겸손하니 나의 멍에를 메고 내게 배우라 그리하면 너희 마음이 쉼을 얻으리니 이는 내 멍에는 쉽고 내 짐은 가벼움이라 하시니라 마 11:28-30

보라 세상 죄를 지고 가는 하나님의 어린양이로다 요 1:29b

모든 사람에게 구원을 주시는 하나님의 은혜가 나타나 딛 2:11

그러므로 너희는 하나님이 택하사 거룩하고 사랑 받는 자처럼 긍휼과 자비와 겸손과 온유와 오래 참음을 옷 입고 골 3:12

너는 큰 은총을 받은 자란다

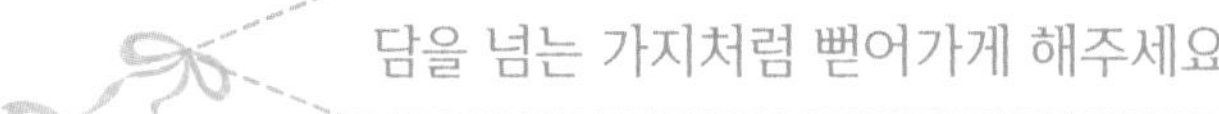

담을 넘는 가지처럼 뻗어가게 해주세요

"요셉은 무성한 가지 곧 샘 곁의 무성한 가지라
그 가지가 담을 넘었도다."
창 49:22

사랑하는 아가야
오늘은 성경 속 요셉의 이야기를 들려줄게
요셉은 형들에게 미움을 받아 종으로 팔려가고
억울한 일을 당해 감옥에 갇히기까지 했지만
화를 내거나 펑펑 울거나 절망하지 않았단다

그 이유는 바로
그가 은총을 받은 자였기 때문이야
사람들은 요셉과 함께 하시는 하나님을 보았단다
언제나 하나님을 의지한 그는 울창한 가지처럼
종에서 애굽의 총리 자리까지 뻗어나갔어

아가야, 주님 안에 믿음 뿌리 내리고
그분의 손 꼭 붙잡고 씩씩하게 나아가렴
네가 담을 넘은 요셉의 가지처럼 뻗어나가
세상에 하나님의 크신 능력을 나타내길
축복해

복의 근원이신 주님,

주의 은총을 입어 새 생명을 품게 해주셔서 감사합니다. 아가가 뜻하지 않은 어려움을 만나거나 외롭고 힘든 시간을 보내게 될 때마다 주와 함께함으로 더 큰 평안과 소망을 품게 해주세요. 어떤 상황 속에서도 주님을 의지하고 죄와 타협하지 않는 깨끗한 양심으로 살아가게 해주세요. 자신에게 맡겨진 일을 성실히 행하는 팔이 되어 담을 넘은 요셉의 무성한 가지처럼 풍성한 결실을 맺으며 힘 있게 자라가도록 축복해주세요.

주님, 아가뿐 아니라 아가를 감싸 안아 양육하는 저희 팔의 모든 관절과 근육도 강하게 해주세요. 강한 두 팔로 아가를 안전히 보호하고 양육하는 부모가 되길 원하며 예수님의 이름으로 기도합니다. 아멘.

요셉은 무성한 가지 곧 샘 곁의 무성한 가지라 그 가지가 담을 넘었도다 활 쏘는 자가 그를 학대하며 적개심을 가지고 그를 쏘았으나 요셉의 활은 도리어 굳세며 그의 팔은 힘이 있으니 이는 야곱의 전능자 이스라엘의 반석인 목자의 손을 힘입음이라 네 아버지의 하나님께로 말미암나니 그가 너를 도우실 것이요 전능자로 말미암나니 그가 네게 복을 주실 것이라 위로 하늘의 복과 아래로 깊은 샘의 복과 젖먹이는 복과 태의 복이리로다 네 아버지의 축복이 내 선조의 축복보다 나아서 영원한 산이 한없음 같이 이 축복이 요셉의 머리로 돌아오며 그 형제 중 뛰어난 자의 정수리로 돌아오리로다 창 49:22-26

강하신 주님을 함께 찬양하자

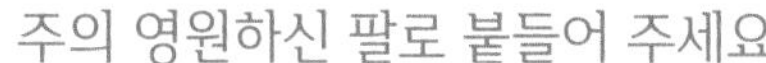

주의 영원하신 팔로 붙들어 주세요

"그의 영원하신 팔이 네 아래에 있도다
그가 네 앞에서 대적을 쫓으시며 멸하라 하시도다."
신 33:27

사랑하는 아가야

우리는 아주 좋은 속싸개를 준비해서

작고 소중한 널 따뜻하게 감싸줄 거야

거친 파도 넘실대는 세상에서도

그렇게 널 감싸안아 지켜주고 싶어

비록 우리 팔이 너무 약하고 짧아

완벽하게 보호해줄 수 없을지라도

강하고 능하신 팔로 붙들어 주시는

우리 주님이 계시기에

그분을 향해 두 팔을 들고 널 위해 기도할 거야

아가야, 안전한 포구가 되어 주시고

삶의 굽이굽이마다 일어나는 폭풍을

잠잠케 해주시는 주의 강하신 팔이

언제나 널 단단히 붙잡아 주시길

축복해

풍랑을 잠잠케 하시는 주님,

연약한 저희 팔의 한계를 알기에 주님의 크고 영원하신 팔에 사랑하는 아가를 맡겨 드립니다. 능하고 강하신 주의 손으로 붙드사 아가의 두 팔을 견고하고 힘 있게 해주세요. 한 손으로는 믿음의 노를, 다른 한 손으로는 성실의 노를 저으며 주와 함께 풍랑이는 바다를 담대히 항해하게 해주세요. 어떠한 폭풍에도 삼켜지지 않고, 주를 향한 방향이 바뀌지 않도록 굳게 붙들어 주세요.

주님, 아가가 자신의 약함에 주목하여 넘어지지 않도록 돌봐주세요. 자신의 약함을 숨기거나 포장하지 않고, 오히려 그 약함으로 인하여 주의 강하심을 경험하게 해주세요. 날마다 주의 성실하심과 인자하심으로 함께 하여 주시길 소망하며 예수님의 이름으로 기도합니다. 아멘.

주의 팔에 능력이 있사오며 주의 손은 강하고 주의 오른손은 높이 들리우셨나이다 의와 공의가 주의 보좌의 기초라 인자함과 진실함이 주 앞에 있나이다 즐겁게 소리칠 줄 아는 백성은 복이 있나니 여호와여 그들이 주의 얼굴 빛 안에서 다니리로다 그들은 종일 주의 이름 때문에 기뻐하며 주의 공의로 말미암아 높아지오니 주는 그들의 힘의 영광이심이라 … 내 손이 그와 함께 하여 견고하게 하고 내 팔이 그를 힘이 있게 하리로다 원수가 그에게서 강탈하지 못하며 악한 자가 그를 곤고하게 못하리로다 내가 그의 앞에서 그 대적들을 박멸하며 그를 미워하는 자들을 치려니와 나의 성실함과 인자함이 그와 함께 하리니 내 이름으로 말미암아 그의 뿔이 높아지리로다 시 89:13-24

네 손은 정말 따뜻하고 친절하구나

따뜻한 손으로 살아가게 해주세요

"내가 주릴 때에 너희가 먹을 것을 주었고
목마를 때에 마시게 하였고
나그네 되었을 때에 영접하였고." 마 25:35

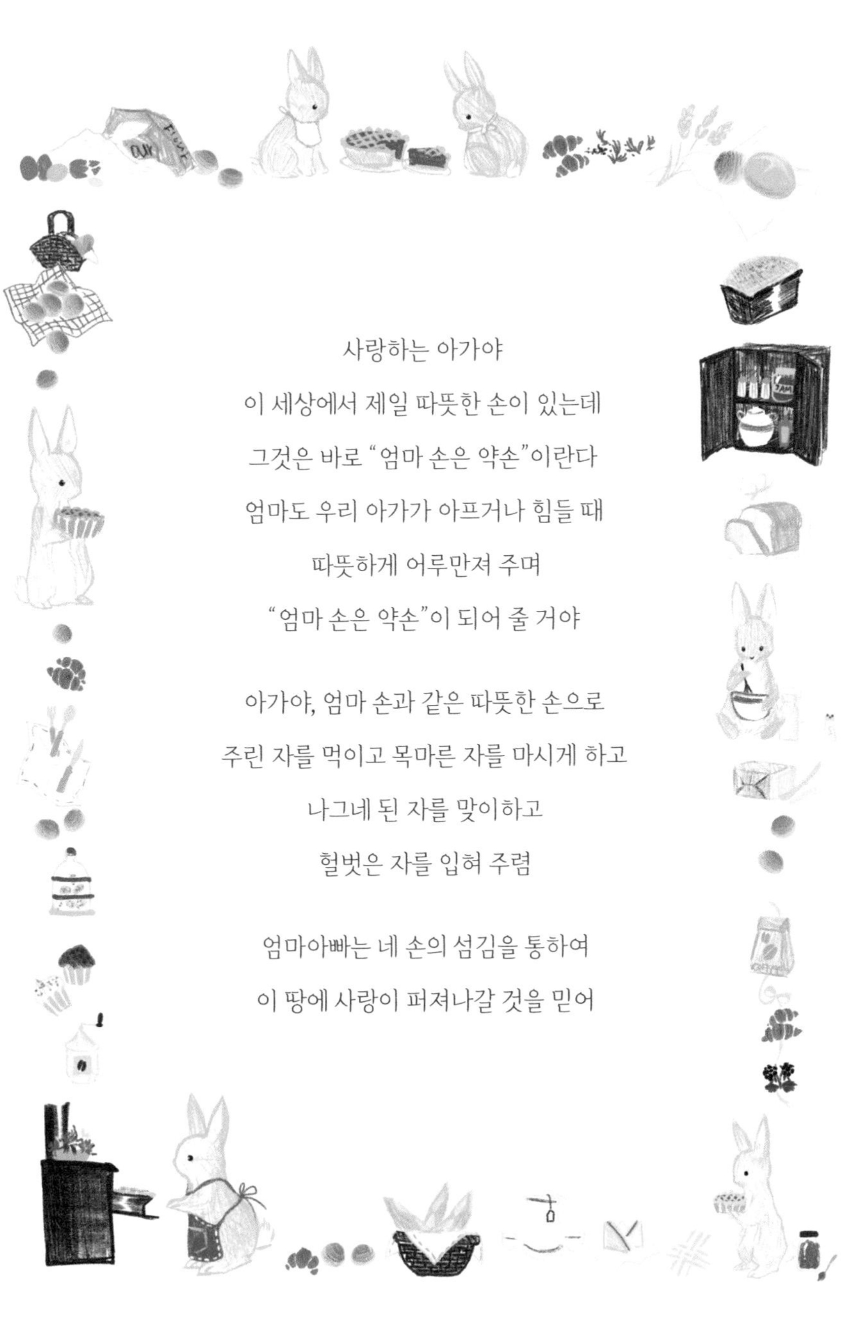

사랑하는 아가야
이 세상에서 제일 따뜻한 손이 있는데
그것은 바로 "엄마 손은 약손"이란다
엄마도 우리 아가가 아프거나 힘들 때
따뜻하게 어루만져 주며
"엄마 손은 약손"이 되어 줄 거야

아가야, 엄마 손과 같은 따뜻한 손으로
주린 자를 먹이고 목마른 자를 마시게 하고
나그네 된 자를 맞이하고
헐벗은 자를 입혀 주렴

엄마아빠는 네 손의 섬김을 통하여
이 땅에 사랑이 퍼져나갈 것을 믿어

포근히 품어 주시는 주님,

저희를 주의 사랑으로 품어 여기까지 인도해주셔서 감사합니다. 아가가 머리부터 발끝까지 주수를 따라 안정적이고 건강하게 자라도록 인도해주시고, 주의 강하신 손으로 아름답고 튼튼하게 자라게 해주세요. 늘 주의 사랑 안에 거하게 해주세요.

주님, 아가가 점차 자라가면서 누군가를 먹이고 보듬고 섬기며 기도해주는 따뜻하고 친절한 손으로 살아가길 원합니다. 주의 말씀을 준행하는 순전하고 진실 된 손으로 빚어 주세요. 가난한 빈손의 아픔을 이해하고 지극히 작고 연약한 자들의 손을 잡아 주는 따뜻한 손이 되어 하나님의 나라가 아가의 손을 통해 뻗어 가길 소망합니다. 예수님의 이름으로 기도합니다. 아멘.

내가 주릴 때에 너희가 먹을 것을 주었고 목마를 때에 마시게 하였고 나그네 되었을 때에 영접하였고 헐벗었을 때에 옷을 입혔고 병들었을 때에 돌보았고 옥에 갇혔을 때에 와서 보았느니라 이에 의인들이 대답하여 이르되 주여 우리가 어느 때에 주께서 주리신 것을 보고 음식을 대접하였으며 목마르신 것을 보고 마시게 하였나이까 어느 때에 나그네 되신 것을 보고 영접하였으며 헐벗으신 것을 보고 옷 입혔나이까 어느 때에 병드신 것이나 옥에 갇히신 것을 보고 가서 뵈었나이까 하리니 임금이 대답하여 이르시되 내가 진실로 너희에게 이르노니 너희가 여기 내 형제 중에 지극히 작은 자 하나에게 한 것이 곧 내게 한 것이니라 하시고 마 25:35-40

모든 일을 훌륭하게 해낼 거야

"손에 쟁기를 잡고 뒤를 돌아보는 자는
하나님 나라에 합당치 아니하니라."
눅 9:62

사랑하는 아가야
너를 빚으시는 하나님의 손이
얼마나 능력 있고 섬세한지 아니?
시작하신 일을 마치시기까지
멈추지 않으시는 그분은
성실과 인내, 능력의 손을 가지고 계신단다
네 작고 포동포동한 손도
하나님의 손을 꼭 닮았으면 좋겠구나

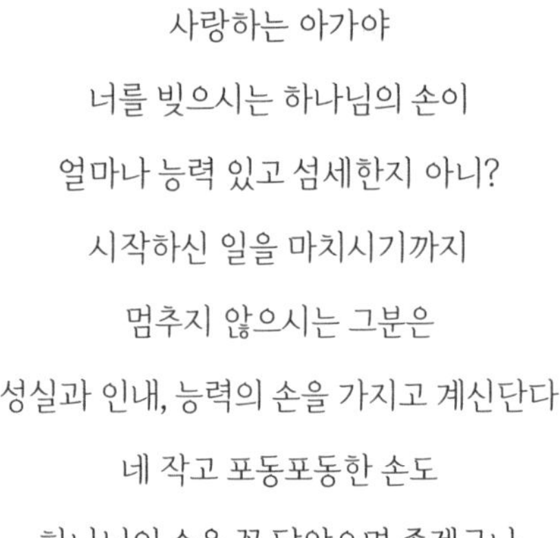

아가야,
움킨 것을 놓치지 않는 강한 사자처럼
손에 쟁기를 잡고 뒤돌아보지 않는 농부처럼
네 인생의 몫을 끝까지 감당하는
용기 있고
성실한 손으로 살아가길 축복해

능하고 강하신 주님,

오늘도 주님의 능하신 손을 붙잡고 주 앞에 나아갑니다. 아가가 세상에 유익하고 필요한 것들을 만들어내는 창조의 손으로 살아가게 해주세요. 그 손에 주의 지혜와 성실이 담겨 손이 닿는 곳마다 하늘의 복이 임하게 해주세요. 아가의 손이 주께서 명령하신 것을 마치기까지 멈추지 않고 주와 함께 구원의 일들을 이루어 가게 해주세요. 그 손의 열매를 통하여 주님을 기쁘시게 하는 자녀가 되길 소망합니다.

주님, 아가의 손을 강하게 빚어 주셔서 늙어서도 주의 일을 잘 감당하게 해주세요. 늘 깨끗한 손을 유지하게 해주시고, 맞잡는 손마다 하나님의 사랑을 느끼게 해주세요. 예수님의 이름으로 기도합니다. 아멘.

여호와여 주께서 하신 일이 어찌 그리 많은지요 주께서 지혜로 그들을 다 지으셨으니 주께서 지으신 것들이 땅에 가득하니이다 시 104:24

하나님이 그들을 애굽에서 인도하여 내셨으니 그의 힘이 들소와 같도다 야곱을 해할 점술이 없고 이스라엘을 해할 복술이 없도다 이 때에 야곱과 이스라엘에 대하여 논할진대 하나님께서 행하신 일이 어찌 그리 크냐 하리로다 이 백성이 암사자 같이 일어나고 수사자 같이 일어나서 움킨 것을 먹으며 민 23:22-24a

네 손에는 사랑이 담겨 있단다

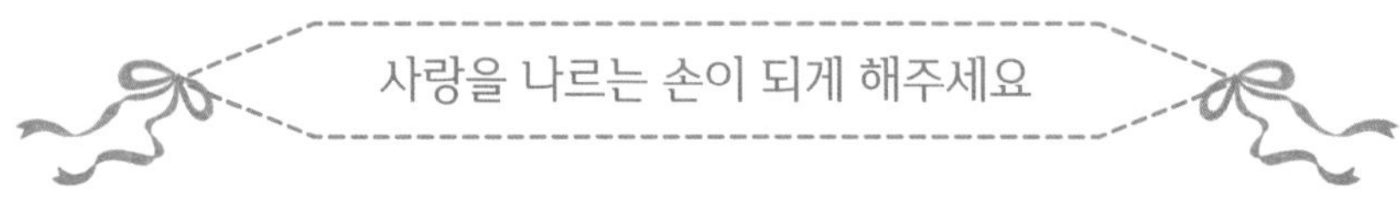

사랑을 나르는 손이 되게 해주세요

"너는 구제할 때에 오른손이 하는 것을 왼손이 모르게 하여."
마 6:3

사랑하는 아가야
네가 태어나면
하나님께서 지으신 아름다운
자연의 소리를 많이 들려주고 싶어
특히 나뭇잎들이 부딪히는 소리가 참 좋은데
그건 보이지 않는 바람이 만들어내는 소리란다

아가야, 우리는 네 손이 하는 수고가
마치 이 바람처럼 눈에 띄진 않지만
꼭 필요한 곳에서 주의 사랑을 나르길 소망해

네 두 손이
누군가의 눈물을 닦아주고
누군가의 마음을 시원케 해주고
누군가의 필요를 넉넉히 채우며
기쁨과 감사를 피워내길
축복해

목자와 같이 돌봐주시는 주님,

저희 가정이 많은 사람들의 사랑의 섬김을 받게 해주셔서 감사합니다. 아가의 일생도 이렇게 사랑받고 섬기는 삶이 되게 해주세요. 아가가 하나님의 마음을 나르는 복된 손으로 살아가길 원합니다. 보이지 않는 바람처럼 오른손이 하는 일을 왼손이 모르게 하는 지혜를 주시고, 혹여 섬김을 통해 교만해지거나 우쭐해지지 않도록 그 마음을 지켜 주세요. 아가가 가는 곳마다 이웃의 필요가 채워지고 사랑과 기쁨이 피어나게 해주세요.

주님, 여러 현실적인 문제로 저희만 바라보며 살아온 것은 아닌지 돌아보며 회개합니다. 저희가 믿음으로 섬김과 나눔, 도움의 손을 펼치며 살아가도록 인도해주세요. 목자 되시는 주님이 계시기에 아무 부족함이 없음을 고백하며 예수님의 이름으로 기도합니다. 아멘.

이는 보좌 가운데에 계신 어린양이 그들의 목자가 되사 생명수 샘으로 인도하시고 하나님께서 그들의 눈에서 모든 눈물을 씻어 주실 것임이라 계 7:17

너희 아버지께서는 이런 것이 너희에게 있어야 할 것을 아시느니라 눅 12:30

나의 하나님이 그리스도 예수 안에서 영광 가운데 그 풍성한 대로 너희 모든 쓸 것을 채우시리라 빌 4:19

인자가 온 것은 섬김을 받으려 함이 아니라 도리어 섬기려 하고 막 10:45a

여호와는 나의 목자시니 내게 부족함이 없으리로다 시 23:1

네 솜씨는 세상을 더 빛나게 할 거야

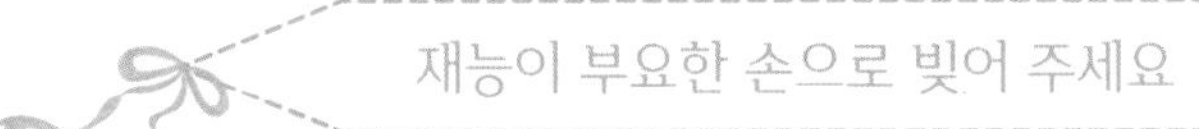

"온갖 좋은 은사와 온전한 선물이 다 위로부터
빛들의 아버지께로부터 내려오나니."
약 1:17a

사랑하는 아가야

옛날에 하나님과 사람을 영화롭게 하는 '감람나무'
열매와 잎사귀로 치유와 힘을 주는 '무화과나무'
그리고 알알이 기쁨을 주는 '포도나무'가 있었단다
그들이 갖가지 재주로 하나님과 사람들을 즐겁게 하니
나무들이 찾아와 자신들의 왕이 되어 달라고 애원했어
그러나 멋진 재능을 주신 하나님을 왕으로 섬기는
세 나무는 겸손히 왕의 자리를 사양했고
대신 우쭐대는 '가시나무'가 왕이 되었는데
좋은 기름도 맛난 열매도 넉넉한 그늘도 없는 그가 왕이 되니
결국 모두 다 고통 속에 타버리고 말았단다

아가야, 이처럼 우리 각자에게 주신 모든 재능은
주님의 뜻을 따라야만 바르게 사용할 수 있단다
주님은 우리 아가에게 어떤 재능을 주셨을까?
네게 주신 모든 재능으로 주를 영화롭게 하고
많은 이들을 유익하게 하길 축복해

총명과 재능을 주시는 주님,

저희에게 주신 재능을 따라 주를 위하여 기쁘게 살아가게 해주셔서 감사합니다. 아가의 눈이 각 사람 속에 있는 재능을 발견하고 격려하며 하나님의 뛰어난 솜씨를 즐거워하게 해주세요.

주님, 아가가 자신에게 주신 재능을 귀히 여기고 잘 가꾸며 마음이 지혜로운 사람들과 연합하여 주님의 뜻을 이루기 위해 힘쓰길 원합니다. 혹여 남들보다 더 재능이 있더라고 우쭐되지 않게 해주시고, 돋보이는 재능이 없더라도 남을 시기하거나 자신의 달란트를 숨겨 두지 않도록 도와주세요. 아가의 손에 담아 주신 재능을 통하여 하나님을 영화롭게 하고 많은 사람들을 유익하게 하길 간절히 바라며 예수님의 이름으로 기도합니다. 아멘.

하루는 나무들이 나가서 기름을 부어 자신들 위에 왕으로 삼으려 하여 감람나무에게 이르되 너는 우리 위에 왕이 되라 하매 감람나무가 그들에게 이르되 내게 있는 나의 기름은 하나님과 사람을 영화롭게 하나니 내가 어찌 그것을 버리고 가서 나무들 위에 우쭐대리요 한지라 … 가시나무가 나무들에게 이르되 만일 너희가 참으로 내게 기름을 부어 너희 위에 왕으로 삼겠거든 와서 내 그늘에 피하라 그리하지 아니하면 불이 가시나무에서 나와서 레바논의 백향목을 사를 것이니라 하였느니라 삿 9:8-15

그의 위에 여호와의 영 곧 지혜와 총명의 영이요 모략과 재능의 영이요 지식과 여호와를 경외하는 영이 강림하시리니 사 11:2

브살렐과 오홀리압과 및 마음이 지혜로운 사람 곧 여호와께서 지혜와 총명을 부으사 성소에 쓸 모든 일을 할 줄 알게 하신 자들은 모두 여호와께서 명령하신 대로 할 것이니라 출 36:1

주님은 약속을 꼭 지키시는 분이야

주님의 언약을 붙들게 해주세요

"여호와의 모든 길은 그의 언약과
증거를 지키는 자에게 인자와 진리로다."
시 25:10

사랑하는 아가야

지금까지 엄마아빠는

서로에게 아주 많은 약속을 했단다

때론 그 약속을 지키지 않아

서로 씩씩거리기도 하지만

결혼이라는 언약 아래

우리를 하나 되게 해주신 주님께 감사드려

우리 아가도 태어나는 순간부터

많은 약속의 말들을 듣게 되겠지?

그런데 그 무엇보다 네 작은 두 귀에

하나님의 아름다운 약속이 들릴 때

새끼손가락을 걸며 꼭! 꼭! 약속하렴

"하나님, 말씀하신 것을 꼭 지킬게요!"라고 말이야

아가야, 하나님의 언약 안에 거하는

네 삶을 축복해

언약을 지키시는 주님,

아가의 삶 가운데 주님의 약속이 이뤄지는 것을 보기 원합니다. 아가가 눈에 보이는 것이 아닌 주님의 약속을 믿는 믿음으로 살아가게 해주세요. 주께서 명령하신 약속들을 주의하여 듣고, 그것을 이정표 삼아 나아감으로 주의 언약이 성취되는 기쁨을 누리며 살아가길 원합니다. 헛된 맹세를 하지 않고, 주의 약속을 가장 귀히 여기게 해주세요.

주님, 저희 가정이 오직 주의 말씀을 사랑하고 신실하게 지켜 나가길 원합니다. 이 또한 저희 힘으로 할 수 없음을 고백하오니 주의 긍휼과 은혜를 베풀어 주세요. 주의 언약으로 지켜 주시고 축복해주세요. 예수님의 이름으로 기도합니다. 아멘.

그런즉 너는 알라 오직 네 하나님 여호와는 하나님이시요 신실하신 하나님이시라 그를 사랑하고 그의 계명을 지키는 자에게는 천 대까지 그의 언약을 이행하시며 인애를 베푸시되 그를 미워하는 자에게는 당장에 보응하여 멸하시나니 여호와는 자기를 미워하는 자에게 지체하지 아니하시고 당장에 그에게 보응하시느니라 그런즉 너는 오늘 내가 네게 명하는 명령과 규례와 법도를 지켜 행할지니라 너희가 이 모든 법도를 듣고 지켜 행하면 네 하나님 여호와께서 네 조상들에게 맹세하신 언약을 지켜 네게 인애를 베푸실 것이라 신 7:9-12

너는 기쁜 소식을 전하는 용사란다

복음의 심장부에 서게 해주세요

"여호와의 날이 크고 심히 두렵도다 당할 자가 누구이랴."
욜 2:11b

사랑하는 아가야
말발굽 소리처럼 뛰는 네 심장소리에
우리 심장도 쿵쿵쿵 뛰며 얼마나 기쁜지 몰라
네 생명의 첫 소리, 어쩌면 이리도 힘찰까!

아가야, 힘차게 달리는 네 심장소리처럼
주의 빠르고 용맹한 용사 되어
복음 들고 땅끝까지 힘차게 달려나가렴
세상은 주님이 다시 오시지 않을 것처럼
죄악 된 길로 빠르게 달려가지만
우리는 복음의 심장부에 서서 세상을 향해
"주께로 돌아오라"고 크게 외치자꾸나

복음 들고 산을 넘는
하나님 나라의 용사인 널 축복해

다시 오실 우리 주님,

이 험한 세상에서 저희가 아가를 품고 깨어 기도하게 해주셔서 감사합니다. 아가가 배 속에서부터 주의 복된 소식을 듣고 복음의 용사로 자라가게 해주세요. 수많은 사람들이 죄에서 돌이켜 주께로 돌아오는 소망을 품고 살아가게 해주세요. 하나님의 영을 충만히 부어 주사 장래 일을 말하며 이상을 보는 세대로 일어나게 해주세요.

주님, 저희 가정이 늘 복음으로 바로 서 있도록 은혜를 베풀어 주세요. 저희를 통해 많은 사람들이 마음을 찢으며 주께로 돌아오게 해주세요. 복음의 옷을 입고 주의 빛을 비추며 살아가길 소망하며 예수님의 이름으로 기도합니다. 아멘.

너희는 옷을 찢지 말고 마음을 찢고 너희 하나님 여호와께로 돌아올지어다 그는 은혜로우시며 자비로우시며 노하기를 더디하시며 인애가 크시사 뜻을 돌이켜 재앙을 내리지 아니하시나니 … 그 후에 내가 내 영을 만민에게 부어 주리니 너희 자녀들이 장래 일을 말할 것이며 너희 늙은이는 꿈을 꾸며 너희 젊은이는 이상을 볼 것이며 욜 2:13,28

또 이르시되 너희는 온 천하에 다니며 만민에게 복음을 전파하라 막 16:15

보라 내가 속히 오리니 이 두루마리의 예언의 말씀을 지키는 자는 복이 있으리라 하더라 계 22:7

심장이 뛰는 순간마다 널 사랑해

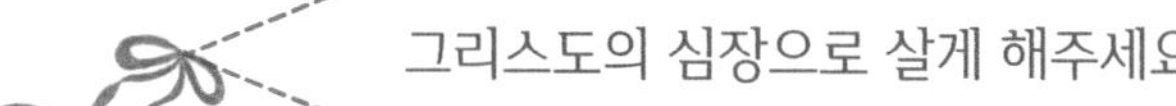

그리스도의 심장으로 살게 해주세요

"내가 예수 그리스도의 심장으로 너희 무리를 얼마나
사모하는지 하나님이 내 증인이시니라."

빌 1:8

사랑하는 아가야

사랑에 빠진 우리의 심장소리가 들리니?

사랑에 빠지면 말이야

심장이 이렇게 두근두근 빨리 뛰고

너무 사랑하면 아프기까지 한단다

예수님은 우리를 사랑하셔서

십자가에 달려 돌아가시기까지 하셨어

아가야, 살아가는 날 동안

단 한 번도 멈추지 않을 네 심장처럼

널 향한 하나님의 사랑은

단 한 순간도 멈추지 않을 거야

그리고 그 사랑은 네 가슴에서 자라고 자라

너로 하여금 그리스도의 심장으로

살아가게 할 거란다

영원한 사랑의 주님,

십자가의 완전한 사랑으로 저희를 구원해주셔서 감사합니다. 아가가 주님을 향한 처음 사랑을 뜨겁게 이어가며 평생 주님과의 사랑이야기를 많이 간직하게 해주세요. 아가의 심장이 언제나 하나님의 사랑으로 뛰고, 주님의 심장 가장 가까운 곳에서 주의 마음을 헤아리고 전하는 자로 살아가게 해주세요.

주님, 아가의 심장과 모든 장기를 튼튼하게 빚어 주셔서 평생 강건한 몸으로 주의 길을 걸어가길 간절히 구합니다. 아가를 건강하게 키울 수 있도록 저희에게 지혜를 허락해주시고, 아가도 자신의 몸을 귀히 여겨 해로운 것을 가까이 하지 않도록 인도해주세요. 예수님의 이름으로 기도합니다. 아멘.

그는 근본 하나님의 본체시나 하나님과 동등됨을 취할 것으로 여기지 아니하시고 오히려 자기를 비워 종의 형체를 가지사 사람들과 같이 되셨고 사람의 모양으로 나타나사 자기를 낮추시고 죽기까지 복종하셨으니 곧 십자가에 죽으심이라 빌 2:6-8

우리가 아직 죄인 되었을 때에 그리스도께서 우리를 위하여 죽으심으로 하나님께서 우리에 대한 자기의 사랑을 확증하셨느니라 롬 5:8

그러나 너를 책망할 것이 있나니 너의 처음 사랑을 버렸느니라 계 2:4

널 위한 특별한 양식이 있단다

주의 말씀으로 배부르게 해주세요

"사람이 떡으로만 살 것이 아니요
하나님의 입으로 부터 나오는 모든 말씀으로 살 것이라."
마 4:4

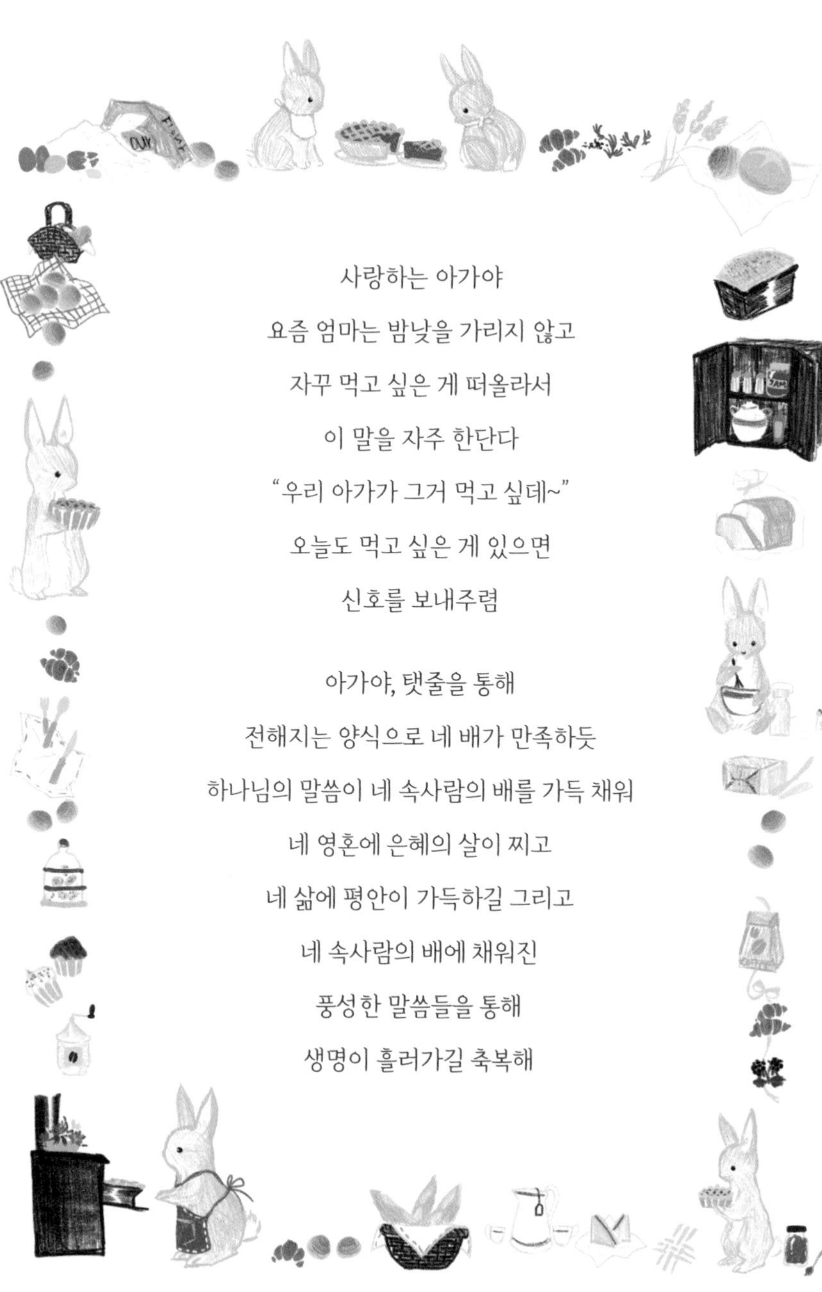

사랑하는 아가야

요즘 엄마는 밤낮을 가리지 않고

자꾸 먹고 싶은 게 떠올라서

이 말을 자주 한단다

"우리 아가가 그거 먹고 싶데~"

오늘도 먹고 싶은 게 있으면

신호를 보내주렴

아가야, 탯줄을 통해

전해지는 양식으로 네 배가 만족하듯

하나님의 말씀이 네 속사람의 배를 가득 채워

네 영혼에 은혜의 살이 찌고

네 삶에 평안이 가득하길 그리고

네 속사람의 배에 채워진

풍성한 말씀들을 통해

생명이 흘러가길 축복해

생명의 양식 되시는 주님,
사모하는 영혼에게 만족을 주시며 주린 영혼에게 좋은 것으로 채워 주시는 주님께 감사드리며 오늘을 살아갈 생명의 양식을 주께 구합니다. 아가에게도 영의 양식을 가득 채워 주셔서 영양분이 몸에 전달되듯 주의 말씀으로 아가의 속사람을 아름답고 강하게 빚어 주세요. 아가가 주의 말씀으로 세상의 유혹을 물리치고 자신의 걸음을 결정하게 해주세요. 그 배에서 생수의 강이 흘러나오길 소망합니다.
주님, 임신기간 동안 삼가야 할 음식을 잘 구별하여 먹도록 도와주세요. 건강한 식습관을 길러 아가에게도 그 입맛을 잘 가르치게 해주세요. 평생에 술과 음식을 탐하지 않고, 오직 성령으로 충만함을 받길 원하며 예수님의 이름으로 기도합니다. 아멘.

그가 사모하는 영혼에게 만족을 주시며 주린 영혼에게 좋은 것으로 채워주심이로다 시 107:9

그러므로 너는 삼가 포도주와 독주를 마시지 말며 어떤 부정한 것도 먹지 말지니라 삿 13:4

술 취하지 말라 이는 방탕한 것이니 오직 성령으로 충만함을 받으라 엡 5:18

나를 믿는 자는 성경에 이름과 같이 그 배에서 생수의 강이 흘러나오리라 하시니 요 7:38

술 취하고 음식을 탐하는 자는 가난하여질 것이요 잠 23:21

둥개둥개 다독다독 토닥토닥

주님의 등에 포근히 업어 주세요

"내가 어떻게 독수리 날개로 너희를 업어
내게로 인도하였음을 너희가 보았느니라."
출 19:4b

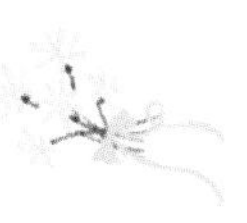
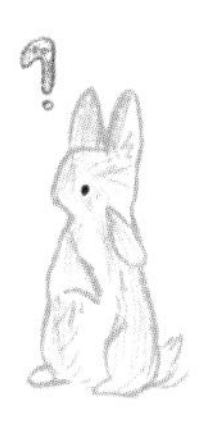

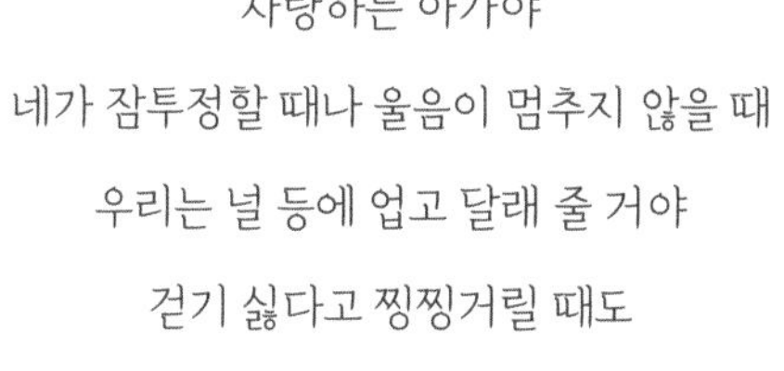

사랑하는 아가야

네가 잠투정할 때나 울음이 멈추지 않을 때

우리는 널 등에 업고 달래 줄 거야

걷기 싫다고 찡찡거릴 때도

네게 등을 내어 주고 다독여 줄 거야

사실 어릴 때 엄마아빠도

등에 업히고 싶어서 칭얼거리곤 했단다

아가야, 그런데 무엇보다

이 세상에서 가장 든든하고

따뜻한 하나님의 등을 찾아 기대렴

그러면 긍휼의 포대기로 너를 덮어 주시고

구원의 노래로 완전하게 둘러 주실 거야

네가 평생에 하나님의 넓은 등에 업혀

그분께로부터 오는 평안을 얻길 축복해

피난처 되시는 주님,

오늘도 삶의 모든 위험과 환난에서 저희를 보호해주시고 안전히 인도해주셔서 감사합니다. 주님은 저희를 가장 안전하게 보호해 주시는 분이오니 아가가 평생 주의 사랑을 입고 그 곁에서 안전히 살아가게 해주세요. 이 세상에서 주님의 등보다 더 포근하고 안전한 것은 없사오니 늘 그 곁에 머물며 살도록 붙들어 주세요. 아가가 저희 등에 업혀 쉴 때마다 주님의 위로와 사랑을 느끼고, 아가의 넘치는 감정이 평안과 절제로 덮이도록 보살펴 주세요. 주님, 저희를 주의 깃으로 덮으사 새 힘을 주시길 간구합니다. 저희가 늘 주의 날개 아래 피하게 해주시고, 저희 힘을 의지하지 않게 해주세요. 모든 유혹으로부터 지켜 주시고, 주님께서 맡겨 주신 귀한 생명을 주의 길로 인도하는 강한 등을 허락해주세요. 예수님의 이름으로 기도합니다. 아멘.

베냐민에 대하여는 일렀으되 여호와의 사랑을 입은 자는 그 곁에 안전히 살리로다 신 33:12a

주는 나의 은신처이시오니 환난에서 나를 보호하시고 구원의 노래로 나를 두르시리이다 시 32:7

그가 너를 그의 깃으로 덮으시리니 네가 그의 날개 아래에 피하리로다 그의 진실함은 방패와 손 방패가 되시나니 시 91:4

연 잎 그늘이 덮으며 시내 버들이 그를 감싸는도다 욥 40:22

끝까지 주님만 의지하면 된단다

아가의 일생을 내어드려요

"보라 하나님은 나의 구원이시라
내가 신뢰하고 두려움이 없으리니 주 여호와는 나의 힘이시며
나의 노래시며 나의 구원이심이라." 사 12:2

사랑하는 아가야
네가 이리저리
요리조리 고개를 돌려 보아도
좀처럼 눈에 담기지 않는 곳이 있는데
그곳은 바로 네 등이란다

눈에 담기도 손에 닿기도 어려운 등은
때때로 우리 마음을 대신 표현해주곤 하는데
누군가에게 등을 보이는 건 '거절'을
등을 맡기는 건 '신뢰'를 의미한단다
때론 너도 미운 마음이 삐죽삐죽 솟아날 때
토라진 등을 내보이곤 하겠지?

아가야, 우리는 네가 스스로 지킬 수 없는 등을
참 주인이시요 친구 되시는 주께 맡기고
네 앞에 놓인 길을
즐거이 걸어가길 축복해

우리의 힘이요 노래 되시는 주님,

저희의 등 뒤에서 항상 든든히 지켜 주셔서 감사합니다. 아가도 보이지 않는 자신의 등을 주님께 맡기고 감사와 찬양으로 푯대를 향해 나아가도록 인도해주세요. 아주 작은 죄일지라도 머뭇거리지 않고 단호히 등을 돌려 거절하고 돌이키게 해주시고, 주를 신뢰함으로 어디서나 등을 곧추 세우고 당당히 살아가게 해주세요. 아가의 등이 휘지 않고 바른 자세가 흐트러지지 않도록 붙들어 주시고, 장성한 나무와 궁전의 아름다운 모퉁잇돌처럼 굳건히 서 있게 해주세요.

주님, 저희 가정을 인자하심으로 둘러 주시고 평강의 평강으로 지켜 주시길 간구합니다. 주를 향한 찬양이 저희 입에서 멈추지 않길 간절히 소망하며 예수님의 이름으로 기도합니다. 아멘.

악인에게는 많은 슬픔이 있느나 여호와를 신뢰하는 자에게는 인자하심이 두르리로다 시 32:10

보라 하나님은 나의 구원이시라 내가 신뢰하고 두려움이 없으리니 주 여호와는 나의 힘이시며 나의 노래시며 나의 구원이심이라 사 12:2

우리 아들들은 어리다가 장성한 나무들과 같으며 우리 딸들은 궁전의 양식대로 아름답게 다듬은 모퉁잇돌들과 같으며 시 144:12

주께서 심지가 견고한 자를 평강하고 평강하도록 지키시리니 이는 그가 주를 신뢰함이니이다 사 26:3

메마른 곳마다 생명수를 전해주렴

"우리가 이 보배를 질그릇에 가졌으니 이는 심히 큰 능력은 하나님께 있고 우리에게 있지 아니함을 알게 하려 함이라."

고후 4:7

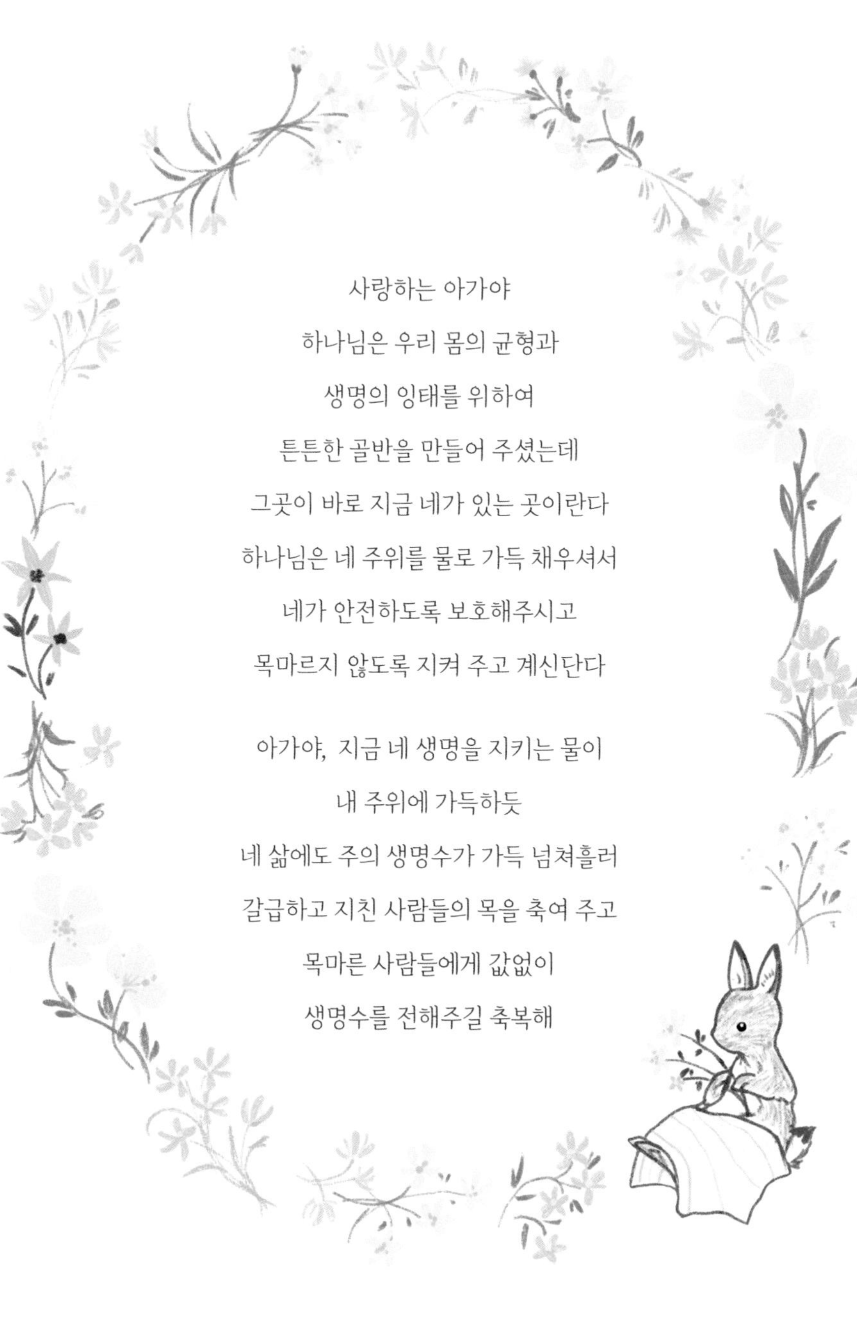

사랑하는 아가야
하나님은 우리 몸의 균형과
생명의 잉태를 위하여
튼튼한 골반을 만들어 주셨는데
그곳이 바로 지금 네가 있는 곳이란다
하나님은 네 주위를 물로 가득 채우셔서
네가 안전하도록 보호해주시고
목마르지 않도록 지켜 주고 계신단다

아가야, 지금 네 생명을 지키는 물이
내 주위에 가득하듯
네 삶에도 주의 생명수가 가득 넘쳐흘러
갈급하고 지친 사람들의 목을 축여 주고
목마른 사람들에게 값없이
생명수를 전해주길 축복해

생명수 되시는 주님,

질그릇과 같은 저희를 찾아와 주의 능력을 나타내주셔서 감사합니다. 양수가 아가를 감싸 보호하듯 그 인생을 주의 은혜로 감싸주시고, 목마른 사슴이 시냇물을 찾듯 그 영혼이 주를 찾게 해주세요. 세상이 아닌 오직 주만 향하여 갈급하게 해주시고, 생명수 샘물로 채우사 그 영혼을 만족하게 해주세요.

주님, 아가를 감싸고 있는 양수가 해산하는 날까지 온전한 기능을 다하고, 아가도 가장 안전한 위치에서 편히 거하길 원합니다. 주수가 더해질수록 커지는 골반의 통증을 어루만져 주시고, 소망 가운데 견딜힘을 부어 주시길 간구하며 예수님의 이름으로 기도합니다. 아멘.

오호라 너희 모든 목마른 자들아 물로 나아오라 돈 없는 자도 오라 너희는 와서 사 먹되 돈 없이 값없이 와서 포도주와 젖을 사라 사 55:1

하나님이여 사슴이 시냇물을 찾기에 갈급함 같이 내 영혼이 주를 찾기에 갈급하나이다 시 42:1

또 내게 말씀하시되 이루었도다 나는 알파와 오메가요 처음과 마지막이라 내가 생명수 샘물을 목마른 자에게 값없이 주리니 계 21:6

내가 날 때부터 주께 맡긴 바 되었고 모태에서 나올 때부터 주는 나의 하나님이 되셨나이다 시 22:10

널 통해 생명이 흘러갈 거야

참 생명을 품게 해주세요

"생육하고 번성하여 땅에 충만하라 땅을 정복하라."
창 1:28

사랑하는 아가야
엄마아빠는 네 골반 안에 지어지는 생식기관을 통해
생명의 씨가 뿌려지고 그 생명을 낳아 기르며
번성해가는 복을 누리게 해달라고 기도드렸어
너는 우리의 사랑이자 하나님의 소망이란다

아가야,
우리 몸을 지지해주고 받쳐 주는 골반처럼
어디서든 든든한 지지대와 같은 자로 세워지렴
네 신앙의 고백과 삶이 균형을 이루어
거룩한 제사장 나라의 삶을 이어가길 소망해

널 통해 참 생명이 흘러가고
무너진 믿음의 터가 보수되고
믿음의 경건한 후손들이 세워지길
마음 다해 축복해

열방을 다스리시는 주님,
이 땅에서 저희 가정이 세대와의 연합을 통해 "생육하고 번성하여 땅에 충만하라 땅을 정복하라"고 하신 주님의 말씀을 온전히 이뤄가길 간절히 원합니다. 아가가 주님의 명령을 따르는 강한 용사가 되어 경건한 자손들을 많이 내는 믿음의 조상이 되게 해주시고, 주님이 다시 오실 길을 예비하는 부흥의 세대가 되게 해주세요.
주님, 저희를 이 땅의 무너진 가정들과 파괴된 기초를 다시 쌓고 무너진 데를 보수하는 자, 길을 수축하여 거할 곳이 되게 하는 자로 기름 부어 주세요. 저희 가정을 통하여 경건한 자손이 끊이지 않도록 축복해주세요. 예수님의 이름으로 기도합니다. 아멘.

그에게는 영이 충만하였으나 오직 하나를 만들지 아니하셨느냐 어찌하여 하나만 만드셨느냐 이는 경건한 자손을 얻고자 하심이라 그러므로 네 심령을 삼가 지켜 어려서 맞이한 아내에게 거짓을 행하지 말지니라 말 2:15

네게서 날 자들이 오래 황폐된 곳들을 다시 세울 것이며 너는 역대의 파괴된 기초를 쌓으리니 너를 일컬어 무너진 데를 보수하는 자라 할 것이며 길을 수축하여 거할 곳이 되게 하는 자라 하리라 사 58:12

네 장막터를 넓히며 네 처소의 휘장을 아끼지 말고 널리 펴되 너의 줄을 길게 하며 너의 말뚝을 견고히 할지어다 이는 네가 좌우로 퍼지며 네 자손은 열방을 얻으며 황폐한 성읍들을 사람 살 곳이 되게 할 것임이라 사 54:2-3

가장 행복한 자리로 인도해줄게

주님을 만나게 해주세요

"이 예언의 말씀을 읽는 자와 듣는 자와
그 가운데에 기록한 것을 지키는 자는 복이 있나니
때가 가까움이라." 계 1:3

사랑하는 아가야

우리는 주님을 만날 때 가장 행복하단다

펼친 성경말씀 위로 때론 다정하게

때론 힘 있게 말씀하시는 그분을 만날 때

얼마나 행복한지 몰라!

세상은 너만의 행복을 찾아 떠나라 부추기지만

진정한 행복은 주의 말씀을 펴고

자리에 앉는 것에서부터 시작된단다

아가야, 자라갈수록 엉덩이를 진득하게 붙이고

두 귀를 쫑긋 세워 주의 말씀에 귀를 기울이렴

급한 마음으로 말씀을 읽지 말고

잠잠히 네 마음을 주께 내어드리렴

네 두 발이 그분의 뜻을 따라 마침내

순종의 첫걸음을 떼기를

축복해

참 행복을 주시는 주님,
진정한 행복은 엉덩이를 진득하게 붙이고 주의 말씀을 펼 때에야 비로소 시작된다는 것을 가르쳐 주셔서 감사합니다. 아가가 주야로 주의 말씀 앞에 앉아 그 말씀으로 사는 것이 얼마나 행복한지를 날마다 경험하게 해주세요. "내가 너와 함께 한단다"라고 말씀해주시는 주님을 뜨겁게 만나게 해주세요. 아가가 행복이 가득 담긴 믿음의 발자취를 남기는 삶을 살아가도록 이끌어 주시길 간구합니다.
주님, 저희가 주님이 아닌 세상의 먹는 것, 입는 것, 보는 것으로 기쁨과 행복을 얻으려 했던 것을 회개합니다. 저희를 주께로 더욱 가까이 이끄사 바른 길을 가게 해주시고, 주의 말씀을 더욱 깨닫게 해주세요. 예수님의 이름으로 기도합니다. 아멘.

이 율법책을 네 입에서 떠나지 말게 하며 주야로 그것을 묵상하여 그 안에 기록된 대로 다 지켜 행하라 그리하면 네 길이 평탄하게 될 것이며 네가 형통하리라 수 1:8

내 속에 근심이 많을 때에 주의 위안이 내 영혼을 즐겁게 하시나이다 시 94:19

자유롭게 하는 온전한 율법을 들여다보고 있는 자는 듣고 잊어버리는 자가 아니요 실천하는 자니 이 사람은 그 행하는 일에 복을 받으리라 약 1:25

예수께서 이르시되 오히려 하나님의 말씀을 듣고 지키는 자가 복이 있느니라 하시니라 눅 11:28

너는 주님이 찾으시는 예배자란다

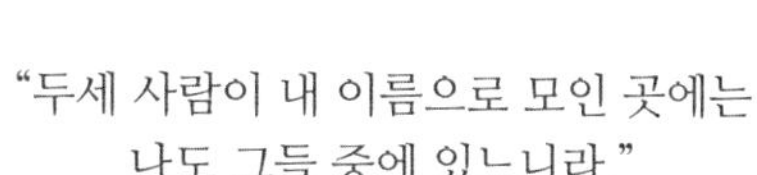

"두세 사람이 내 이름으로 모인 곳에는
나도 그들 중에 있느니라."
마 18:20

사랑하는 아가야
봄여름가을겨울, 하나님이 만드신 계절마다
다양한 볼거리와 놀거리가 가득하기에
어서 빨리 너와 함께 좋은 곳들을 다니고 싶구나

그런데 아무리 떠나고 싶은 굉장한 곳이 있더라도
엉덩이를 붙이고 굳건히 지켜야 할 자리가 있단다
그 자리는 바로 하나님의 영이 임하시는 곳
전심으로 주께 기도하고 찬양하는 곳
꿀송이보다 단 주님의 말씀이 있는 곳
함께 웃고 함께 우는 사랑의 공동체가 있는 곳
바로 '예배의 자리'란다

아가야, 우리는 너와 함께할 첫 예배의 자리를
소망하며 너와 만날 날을 기다리고 있어
예배의 자리를 지키는 네 삶은
축복으로 가득할 거야

찬양받기에 합당하신 주님,

오늘도 저희를 예배자로 불러 주셔서 감사합니다. 아가가 배 속에서부터 저희와 함께 영과 진리, 믿음으로 예배하게 해주세요. 자신이 머물러야 할 자리를 잘 분별하여 영혼을 병들게 하는 곳은 엉덩이를 가벼이 하고, 주의 영이 충만한 예배의 자리는 엉덩이를 무겁게 하여 그 자리를 굳건히 지키게 해주세요. 일평생 하나님이 찾으시는 예배자가 되어 주일을 거룩하게 지키고 삶의 예배를 주께 드리게 해주세요.

주님, 아가가 진리와 사랑이 가득한 교회공동체를 만나길 원합니다. 그 안에서 희생과 섬김을 배우고, 아름다운 성품과 성령의 열매를 풍성히 맺게 해주세요. 예수님의 이름으로 기도합니다. 아멘.

아버지께 참되게 예배하는 자들은 영과 진리로 예배할 때가 오나니 곧 이 때라 아버지께서는 자기에게 이렇게 예배하는 자들을 찾으시느니라 하나님은 영이시니 예배하는 자가 영과 진리로 예배할지니라 요 4:23-24

믿음으로 아벨은 가인보다 더 나은 제사를 하나님께 드림으로 의로운 자라 하시는 증거를 얻었으니 히 11:4

만일 한 지체가 고통을 받으면 모든 지체가 함께 고통을 받고 한 지체가 영광을 얻으면 모든 지체가 함께 즐거워하느니라 너희는 그리스도의 몸이요 지체의 각 부분이라 고전 12:26-27

만일 안식일에 네 발을 금하여 내 성일에 오락을 행하지 아니하고 안식일을 일컬어 즐거운 날이라, 여호와의 성일을 존귀한 날이라 하여 사 58:13a

네 발이 닿는 곳마다 평화가 임할 거야

화평을 이루게 해주세요

"하나님은 무질서의 하나님이 아니시오
오직 화평의 하나님이시니라."
고전 14:33a

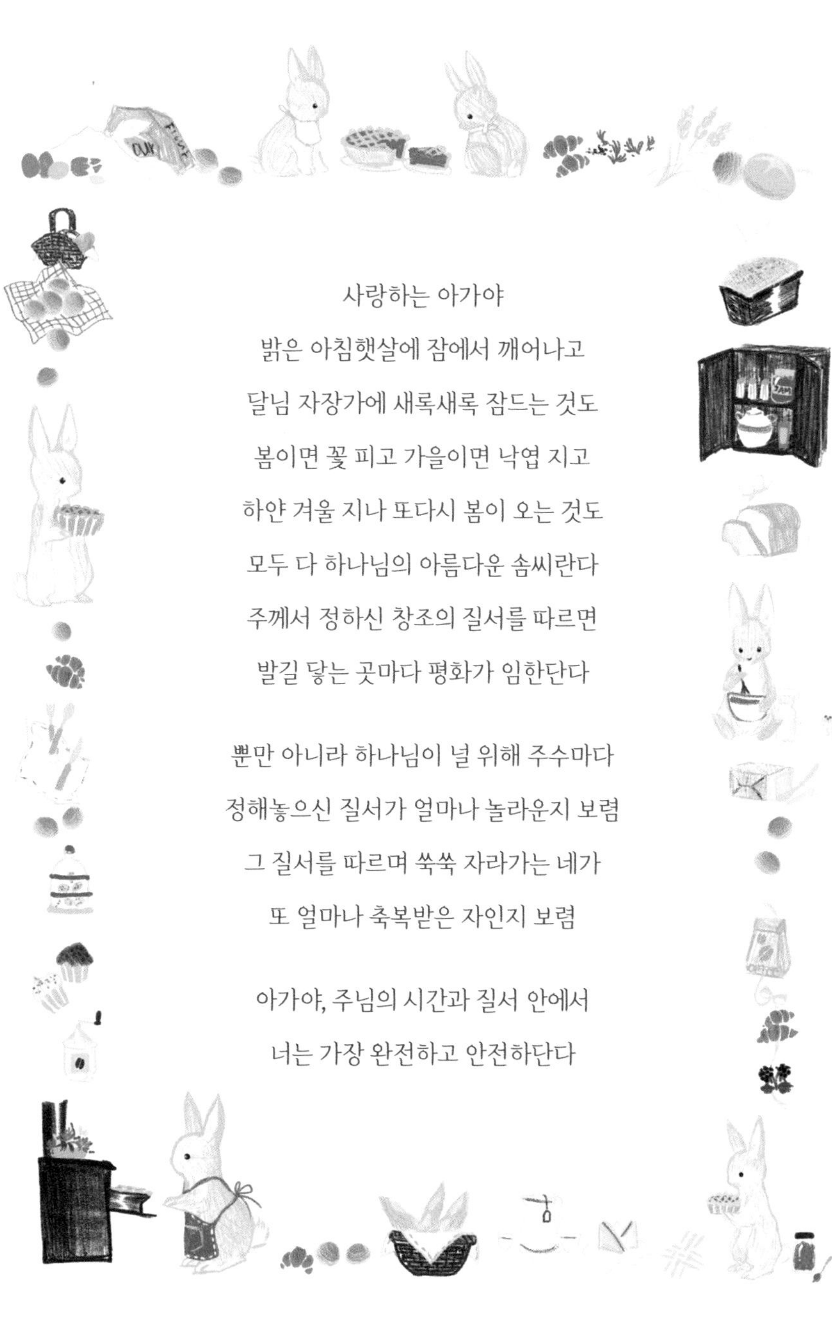

사랑하는 아가야
밝은 아침햇살에 잠에서 깨어나고
달님 자장가에 새록새록 잠드는 것도
봄이면 꽃 피고 가을이면 낙엽 지고
하얀 겨울 지나 또다시 봄이 오는 것도
모두 다 하나님의 아름다운 솜씨란다
주께서 정하신 창조의 질서를 따르면
발길 닿는 곳마다 평화가 임한단다

뿐만 아니라 하나님이 널 위해 주수마다
정해놓으신 질서가 얼마나 놀라운지 보렴
그 질서를 따르며 쑥쑥 자라가는 네가
또 얼마나 축복받은 자인지 보렴

아가야, 주님의 시간과 질서 안에서
너는 가장 완전하고 안전하단다

화평케 하시는 주님,

오늘도 주님 안에서 평화를 누리게 해주셔서 감사합니다. 아가가 세상에 심어 두신 주님의 질서를 따라 바르게 걸어가도록 인도해주세요. 선을 행하며 나누어 주는 일에 빠른 걸음을 내고, 발길이 머무는 곳마다 화평함과 거룩함이 넘치게 해주세요.

주님, 저희가 아가에게 질서를 잘 세우고 지키는 법을 지혜롭게 가르쳐 주길 원합니다. 저희 가정의 질서부터 주님 안에 바로 세워 나아가도록 인도해주세요. 임신주수마다 변화하는 모든 상황에 주의 평강을 내려주시고, 생명의 기쁨이 넘치도록 도와주세요. 세상의 거짓 평화가 아닌 주님 안에서 누리는 참된 평화를 구하며 예수님의 이름으로 기도합니다. 아멘.

땅이 있을 동안에는 심음과 거둠과 추위와 더위와 여름과 겨울과 낮과 밤이 쉬지 아니하리라 창 8:22

오직 선을 행함과 서로 나누어 주기를 잊지 말라 하나님은 이 같은 제사를 기뻐하시느니라 히 13:16

너희가 질서 있게 행함과 그리스도를 믿는 너희 믿음이 굳건한 것을 기쁘게 봄이라 골 2:5b

모든 사람과 더불어 화평함과 거룩함을 따르라 이것이 없이는 아무도 주를 보지 못하리라 히 12:14

모든 것을 품위 있게 하고 질서 있게 하라 고전 14:40

너는 높은 곳에 거하는 자란다

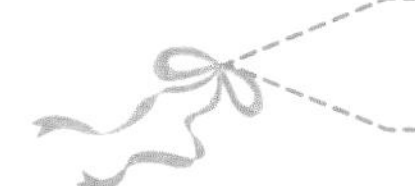

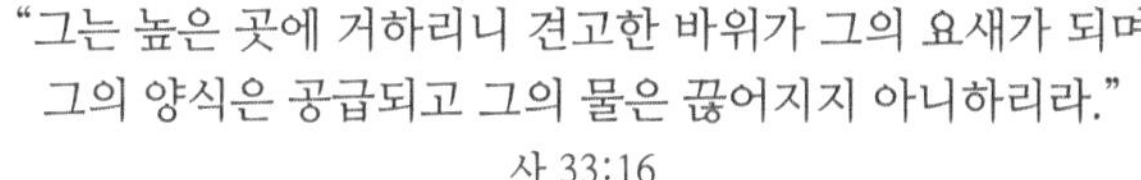

"그는 높은 곳에 거하리니 견고한 바위가 그의 요새가 되며
그의 양식은 공급되고 그의 물은 끊어지지 아니하리라."
사 33:16

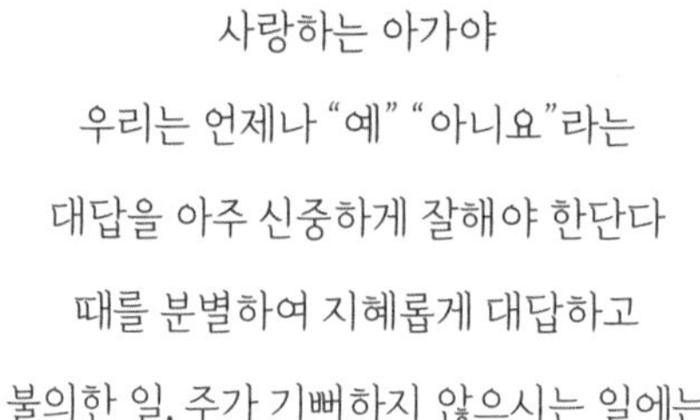

사랑하는 아가야
우리는 언제나 "예" "아니요"라는
대답을 아주 신중하게 잘해야 한단다
때를 분별하여 지혜롭게 대답하고
불의한 일, 주가 기뻐하지 않으시는 일에는
"아니요"라고 말할 용기도 있어야 해

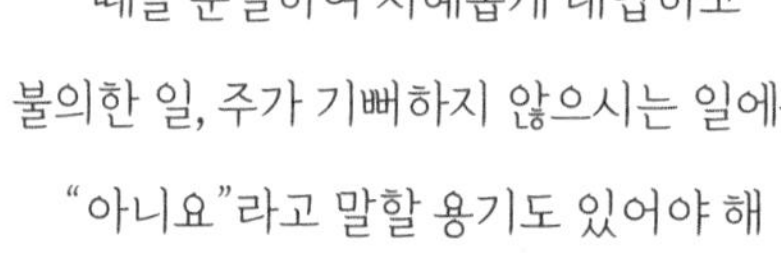

때론 바르고 정의로운 대답으로 인해
어려움을 당하고 미움을 받을 수도 있지만
흔들리지 않고 의로운 걸음을 내딛다 보면
어느새 향기 나는
주의 사람으로 성장해 있을 거야
주께서 너를 높은 곳에 우뚝 세워 주실 거야

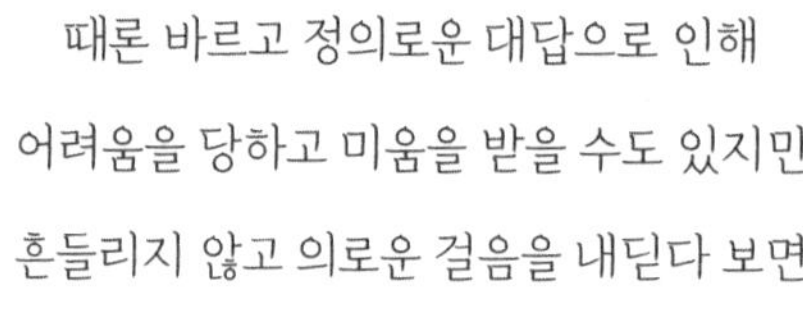

아가야, 네 발이 높고
견고한 바위를 밟길 축복해

공의로우신 주님,

아가가 주의 사랑과 공의를 행하는 주의 자녀로 자라가길 소망합니다. 세상이 유혹하는 편하고 쉬운 길이 아닌, 주님이 기뻐하시는 믿음의 길을 걸어가게 해주세요. 진리에서 벗어나는 일이라면 단호히 거절하게 해주시고, 같은 마음을 가진 신실한 믿음의 벗들과 즐거이 동행하게 해주세요. 그의 걸음이 좌로나 우로나 치우치지 않고 악에서 떠나게 해주세요. 그의 발이 높고 안전한 곳에 거하며 영원토록 주님을 찬양하길 원합니다.

주님, 아가의 양발이 균형 있게 잘 자라 험한 골짜기도 노루와 어린 사슴처럼 뛰어다니게 해주세요. 태 안에서 발을 찰 때마다 저희가 생명 주신 주님께 감사하며 찬양하게 해주세요. 예수님의 이름으로 기도합니다. 아멘.

오직 공의롭게 행하는 자, 정직히 말하는 자, 토색한 재물을 가증히 여기는 자, 손을 흔들어 뇌물을 받지 아니하는 자, 귀를 막아 피 흘리려는 꾀를 듣지 아니하는 자, 눈을 감아 악을 보지 아니하는 자, 그는 높은 곳에 거하리니 견고한 바위가 그의 요새가 되며 그의 양식은 공급되고 그의 물은 끊어지지 아니하리라 사 33:15-16

좌로나 우로나 치우치지 말고 네 발을 악에서 떠나게 하라 잠 4:27

내 사랑하는 자야 너는 빨리 달리라 향기로운 산 위에 있는 노루와도 같고 어린 사슴과도 같아라 아 8:14

완벽한 시간을 살아갈 거야

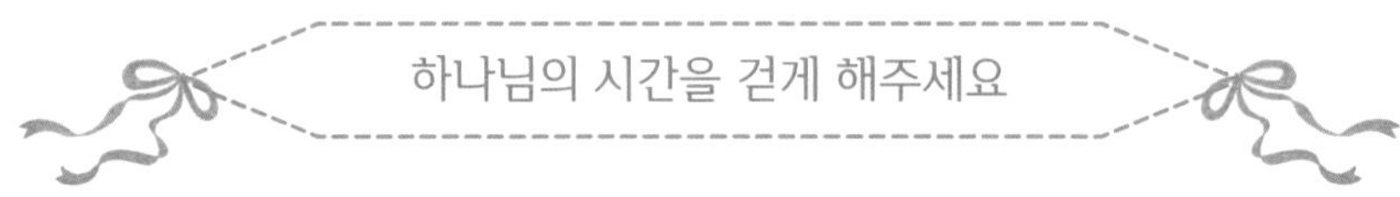

하나님의 시간을 걷게 해주세요

"구름이 성막 위에 머물러 있을 동안에는 이스라엘 자손이
진영에 머물고 행진하지 아니하다가 떠오르면 행진하였으니."
민 9:22b

사랑하는 아가야
네가 우리의 급한 성격을
닮지 않으면 좋겠어
그렇다고 너무 여유 있는 성격도 좋지 않은데…
가장 좋은 것은 무엇일까?

그래, 오래전 광야의 이스라엘 백성이
구름을 따라 행진한 것처럼
우리 급하지도 느리지도 않는
완전한 하나님의 시간을 따라 걸어가자
한참 뒤쳐진 것 같은 때에라도
가장 완전한 시간을 걷고 있다는 걸 기억하자

아가야,
눈에 보이는 시간에 메이지 않고
그분의 시간을 걷는 네 발을 축복해

낮과 밤을 주관하시는 주님,

주님의 가장 완전하신 때에 새 생명을 허락해주셔서 감사합니다. 저희가 어떤 상황에 처할지라도, 더딘 시간 속에 있을지라도 선하신 하나님의 뜻을 신뢰하게 해주세요. 아가가 자신을 향한 하나님의 생각은 평안이요 재앙이 아니며 소망을 주시려는 것임을 알아 기다림 속에서도 주어진 삶을 성실히 살아가게 해주세요. 흘러가는 시간 위에 계신 하나님의 시간을 감사와 은혜로 채우며 걸어가게 해주세요.

주님, 가장 완전하고 좋은 날에 아가를 만나게 해주실 것을 신뢰합니다. 그날까지 조급해하거나 두려워하지 않고 매순간 즐겁고 행복하게 보낼 수 있도록 인도해주세요. 예수님의 이름으로 기도합니다. 아멘.

여호와의 말씀이니라 너희를 향한 나의 생각을 내가 아나니 평안이요 재앙이 아니니라 너희에게 미래와 희망을 주는 것이니라 렘 29:11

예수 그리스도는 어제나 오늘이나 영원토록 동일하시니라 히 13:8

주의 목전에는 천 년이 지나간 어제 같으며 밤의 한 순간 같을 뿐임이니이다 시 90:4

주의 약속은 어떤 이들이 더디다고 생각하는 것 같이 더딘 것이 아니라 벧후 3:9

네 발자국에 천국이 담겨 있단다

천국을 향해 걸어가게 해주세요

"믿음은 바라는 것들의 실상이요 보이지 않는 것들의 증거니."
히 11:1

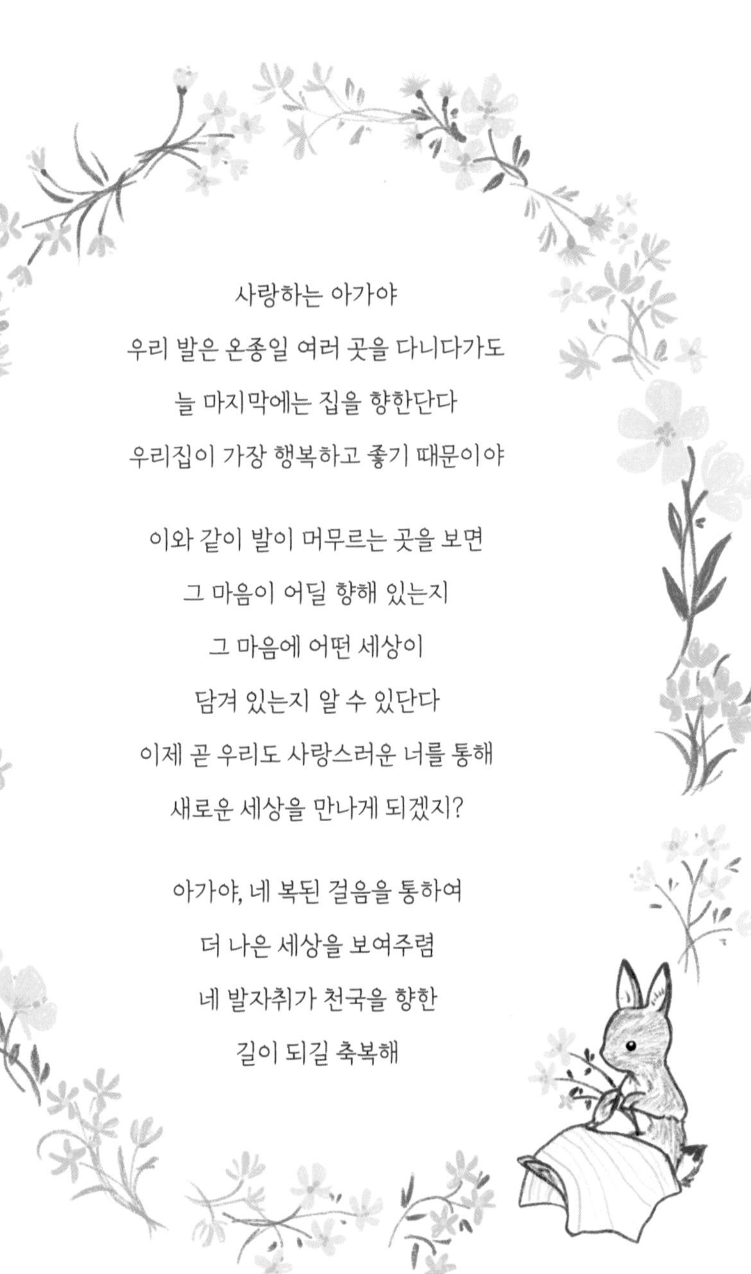

사랑하는 아가야
우리 발은 온종일 여러 곳을 다니다가도
늘 마지막에는 집을 향한단다
우리집이 가장 행복하고 좋기 때문이야

이와 같이 발이 머무르는 곳을 보면
그 마음이 어딜 향해 있는지
그 마음에 어떤 세상이
담겨 있는지 알 수 있단다
이제 곧 우리도 사랑스러운 너를 통해
새로운 세상을 만나게 되겠지?

아가야, 네 복된 걸음을 통하여
더 나은 세상을 보여주렴
네 발자취가 천국을 향한
길이 되길 축복해

우리의 거처가 되시는 주님,

이 땅이 전부가 아닌 더 나은 본향을 사모하며 살아가게 해주셔서 감사합니다. 늘 하나님의 사랑과 예수님을 향한 믿음, 그리고 영원한 천국을 향한 소망이 흔들리지 않도록 저희 가정을 붙잡아 주세요. 하늘의 지혜로 세워지고 참된 안식을 누리는 곳, 오가는 모든 사람이 평안을 누리는 곳으로 축복해주세요.

주님, 아가가 이 땅에서 믿음의 발자취를 남기길 소망합니다. 많은 사람들을 주께로 인도하고 믿음으로 세상을 이기며 하나님의 상속자로 살아가게 해주세요. 밟는 곳마다 하나님의 나라가 임하여 성령 안에 의와 평강과 희락이 있게 해주세요. 저희가 태중의 아가와 밟는 곳마다 사랑이 피어나길 소망하며 예수님의 이름으로 기도합니다. 아멘.

그들이 이제는 더 나은 본향을 사모하니 곧 하늘에 있는 것이라 이러므로 하나님이 그들의 하나님이라 일컬음 받으심을 부끄러워하지 아니하시고 그들을 위하여 한 성을 예비하셨느니라 히 11:16

이기는 자는 이것들을 상속으로 받으리라 나는 그의 하나님이 되고 그는 내 아들이 되리라 계 21:7

네가 들어와도 복을 받고 나가도 복을 받을 것이니라 신 28:6

지혜로운 여인은 자기 집을 세우되 미련한 여인은 자기 손으로 그것을 허느니라 잠 14:1

하나님의 나라는 먹는 것과 마시는 것이 아니요 오직 성령 안에 있는 의와 평강과 희락이라 롬 14:17

연단의 시간을 잘 통과해낼 거야

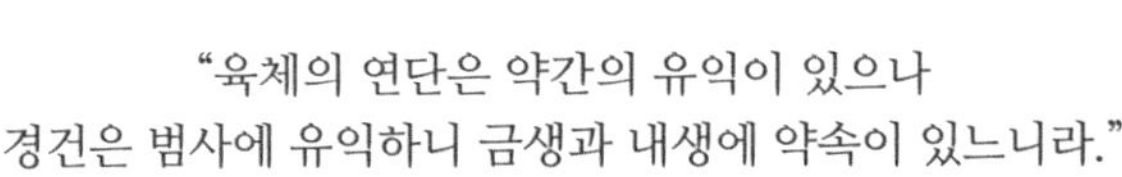

"육체의 연단은 약간의 유익이 있으나
경건은 범사에 유익하니 금생과 내생에 약속이 있느니라."
딤전 4:8

사랑하는 아가야

이제는 네 몸에 근육이 많이 생겼겠지?

근육이 뼈 하나하나를 감싸듯

하나님의 크고 능하신 손이 너를 감싸

그분의 뜻이 네게 온전히 이뤄지길 소망해

그래서 너 혼자 일구어 가는 삶이 아닌

하나님의 열심과 성실로 네 삶이 세워지길 바래

아가야, 벌써부터 엄마는 출산 후에 몸을

어떻게 관리하면 좋을지 고민한단다

튼튼한 몸으로 널 돌보고 싶거든~

그런데 말이야 보기 좋은 몸보다 더 중요한 건

경건을 통해 빚어지는 속사람이란다

강한 속사람은

영원한 생명으로 널 이끌어 줄 거야

위대하고 강하신 주님,

주님의 높고 위대하심을 소리 높여 찬양합니다. 아가가 강하고 탄탄한 영과 육의 근육으로 주를 향해 힘껏 달려가게 해주세요. 근육이 뼈를 감싸듯 주의 크신 이름과 능력으로 감싸주시고 단련시켜 주세요. 경건에 이르도록 자신을 훈련하기를 즐거워하고, 하나님의 열심과 진실하심을 따라 경건함을 일구어 가게 해주세요. 자신의 육체를 신뢰하지 않고 성령님을 따라 행하도록 굳게 붙들어 주시길 간구합니다.

주님, 아가를 양육할 때에 아프거나 지치지 않도록 저희 영혼육을 강하게 해주세요. 아가에게 자신의 몸으로 주께 영광 돌리는 삶을 살아가도록 잘 가르치며 먼저 본을 보이도록 도와주세요. 예수님의 이름으로 기도합니다. 아멘.

망령되고 허탄한 신화를 버리고 경건에 이르도록 네 자신을 연단하라 딤전 4:7

여호와여 나를 살피시고 시험하사 내 뜻과 내 양심을 단련하소서 시 26:2

하나님의 성령으로 봉사하며 그리스도 예수로 자랑하고 육체를 신뢰하지 아니하는 우리가 곧 할례파라 빌 3:3

여호와의 열심이 이 일을 이루리라 하셨나이다 하니라 왕하 19:31b

값으로 산 것이 되었으니 그런즉 너희 몸으로 하나님께 영광을 돌리라 고전 6:20

네 몸은 강하고 네 마음은 담대하단다

속사람을 강하게 해주세요

"그의 영광의 풍성함을 따라 그의 성령으로 말미암아
너희 속사람을 능력으로 강건하게 하시오며."
엡 3:16

사랑하는 아가야

멋지고 단단한 근육을 가지려면

좋은 음식과 규칙적인 운동이 필요하듯

속사람의 영적 근육을 키워 가는 일에도

양식과 훈련이 필요하단다

그래서 우리는 매일 생명의 말씀을

네 속사람의 양식으로 먹여줄 거야

말씀을 가르쳐 네 생각의 근육을 키워 주고

순종을 가르쳐 네 믿음의 근육을 키워 주고

사랑과 용서를 가르쳐 네 마음의 근육을 키워 줄 거야

아가야, 인내와 끈기로 빚어진 영적 근육이

말씀을 성취해가는 삶으로 널 인도하길 축복해

지혜와 키가 자랄수록

사랑스러워 가신 예수님처럼 매일매일

더욱 사랑스럽게 자라렴

온전케 하시는 주님,

저희 가정이 매일의 신앙훈련을 통해 속사람의 영적 근육을 단단히 키워 나가길 소망합니다. 아가도 주야로 말씀을 묵상하며 생각의 근육을 키우고, 말씀에 순종하여 믿음의 근육을 키워나가게 해주세요. 속사람이 하나님의 법을 즐거워하고 순전하고 신령한 젖을 사모하여 구원에 이르도록 자라게 해주세요. 하나님과 사람들 앞에서 더욱 사랑스러워 가고 귀히 여김을 받게 해주세요.

주님, 저희가 아가의 겉모습만 보고 그의 행동과 마음을 판단하지 않길 원합니다. 아가의 영혼육을 위하여 늘 깨어 기도하고 주의 말씀으로 분별하여 행동하게 해주세요. 예수님의 이름으로 기도합니다. 아멘.

예수는 지혜와 키가 자라가며 하나님과 사람에게 더욱 사랑스러워 가시더라 눅 2:52

인내를 온전히 이루라 이는 너희로 온전하고 구비하여 조금도 부족함이 없게 하려 함이라 약 1:4

갓난아기들 같이 순전하고 신령한 젖을 사모하라 이는 그로 말미암아 너희로 구원에 이르도록 자라게 하려 함이라 벧전 2:2

베뢰아에 있는 사람들은 데살로니가에 있는 사람들보다 더 너그러워서 간절한 마음으로 말씀을 받고 이것이 그러한가 하여 날마다 성경을 상고하므로 행 17:11

내 속사람으로는 하나님의 법을 즐거워하되 롬 7:22

너는 머리부터 발끝까지 완벽하단다

미세한 근육까지 발달시켜 주세요

"내가 주께 감사하옴은 나를 지으심이
심히 기묘하심이라 주께서 하시는 일이 기이함을
내 영혼이 잘 아나이다." 시 139:14

사랑하는 아가야

우리는 매일 네 태아사진을 보면서 행복해한단다
그 작은 얼굴을 보며 누굴 닮았나 얘기하기도 해
놀랍게도 우리 얼굴에는 43개의 미세한 근육들이 있어
기쁨, 슬픔, 놀람, 당황 등 감정에 따라
아주 다양한 표정을 지을 수 있게 해준단다

이 땅에 오신 예수님도 그 미세한 근육들을
사용하셔서 백성들을 진실하게 대하셨는데
때로는 불쌍히 여겨 주시고 때로는 엄하게 꾸짖으시고
때로는 사랑에 벅차 어쩔 줄 몰라 하셨어
그분의 사랑스러운 얼굴이
바로 너와 사랑에 빠진 우리의 얼굴이란다

아가야, 지금 너는 어떤 표정을 짓고 있을까?
항상 널 많이 웃게 해줄게

우리의 기쁨 되시는 주님,

주의 사랑의 손길로 아가의 작은 근육 하나하나까지 정교하게 만들어 주셔서 감사합니다. 아가가 온몸의 근육으로 자신의 감정과 의견을 진실하고 분명하게 표현하고, 자유롭게 주를 기뻐하고 찬송하게 해주세요. 부드럽고 유연한 근육들로 주의 일을 정교하고 힘 있게 감당하게 해주시고, 나이가 들어서도 근육이 약해지지 않고 활력이 넘치게 해주세요.

주님, 아가가 낯선 세상을 처음 만날 때에 두려워하지 않고, 저희의 환한 얼굴을 보면서 편안함을 느끼게 해주세요. 늘 저희의 모습이 아가에게 밝음과 힘을 전해주길 원하며 예수님의 이름으로 기도합니다. 아멘.

웃음을 네 입에, 즐거운 소리를 네 입술에 채우시리니 욥 8:21

그가 너로 말미암아 기쁨을 이기지 못하며 너를 잠잠히 사랑하시며 너로 말미암아 즐거이 부르며 기뻐하시리라 하리라 습 3:17

예수께서 그가 우는 것과 또 함께 온 유대인들이 우는 것을 보시고 심령에 비통히 여기시고 불쌍히 여기사 이르시되 그를 어디 두었느냐 이르되 주여 와서 보옵소서 하니 예수께서 눈물을 흘리시더라 요 11:33-35

내가 주를 기뻐하고 즐거워하며 지존하신 주의 이름을 찬송하리니 시 9:2

하늘 아버지의 품에 함께 안기자

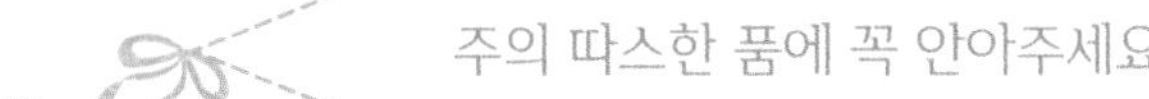

주의 따스한 품에 꼭 안아주세요

"그는 목자 같이 양 떼를 먹이시며
어린 양을 그 팔로 모아 품에 안으시며 젖먹이는 암컷들을
온순히 인도하시리로다." 사 40:11

사랑하는 아가야

우리는 네가 짜증낼 때 아플 때

실수할 때 칭찬받고 싶을 때…

언제든지 변함없는 사랑으로 너를 안고

하늘 아버지의 품에 안길 거야

모든 것을 참아 주시고

모든 것을 믿어 주시고

모든 것을 견뎌 주시는

아버지의 품 안에서

너를 위해 간절히 기도할 거야

아가야, 오늘도 하늘 아버지의

품 안에서 평안히 쉬렴

완전한 사랑의 주님,

저희를 영원한 사랑으로 품어 주셔서 감사합니다. 아가가 온전히 안식하고 만족할 수 있는 주님의 따스한 품을 사모하게 해주세요. 주님의 품에서 사랑을 입고 세상으로 나아가 빛의 자녀로 살아가게 해주시고, 온전한 사랑으로 모든 두려움을 내쫓게 해주세요. 아가가 그 품에 안아주는 사람들마다 주님의 따스한 사랑을 경험하고 주께로 돌아오게 해주세요.

주님, 저희가 무엇을 하려고 애쓰기보다 먼저 주님의 품을 의지할 수 있길 원합니다. 그 품에서 힘을 얻도록 인도해주시고, 안식으로부터 오는 풍성한 유익을 전하는 부모가 되도록 도와주세요. 주의 품을 더욱 사모하며 예수님의 이름으로 기도합니다. 아멘.

예수의 제자 중 하나 곧 그가 사랑하시는 자가 예수의 품에 의지하여 누웠는지라 요 13:23

모든 것을 참으며 모든 것을 믿으며 모든 것을 바라며 모든 것을 견디느니라 고전 13:7

너희가 젖을 빠는 것 같이 그 위로하는 품에서 만족하겠고 젖을 넉넉히 빤 것 같이 그 영광의 풍성함으로 말미암아 즐거워하리라 사 66:11

사랑 안에 두려움이 없고 온전한 사랑이 두려움을 내쫓나니 요일 4:18a

하늘만큼 넓은 품으로 살아갈 거야

허물을 덮는 넓은 품을 주세요

"미움은 다툼을 일으켜도
사랑은 모든 허물을 가리느니라."
잠 10:12

사랑하는 아가야

이 세상에서는 사랑하는 것보다

미워하는 게 쉽고 허물을 덮어 주는 것보다

들추는 게 쉽고 용서하는 것보다

화내는 게 더 쉽단다

그러나 우린 쉬운 것만 따라가서는 안 돼!

비바람을 견딘 나무가 좋을 과실을 맺듯

어렵고 힘들지만

허물을 덮어 주고 용서하면

우리의 품은 사랑의 안식처가 될 거야

아가야, 주님께서 하늘처럼 넓은 품을 주셔서

네가 사람들의 상처를 감싸주고

보복을 끊어내며 분열을 막아내는 삶을

살아가길 축복해

우리를 죄에서 건져주신 주님,
허물과 죄로 얼룩진 저희를 주의 보혈로 정결케 해주셔서 감사합니다. 아가가 주의 크신 은혜를 깨닫고 다른 사람의 허물을 들추는 자가 아닌 겸손하고 따뜻하게 덮어 주는 자가 되게 해주세요. 다툼을 내는 미움, 상처를 내는 분노, 분리를 일으키는 자리를 거절하고 원수를 사랑할 수 있을 만큼 넓은 품을 갖고 살아가게 해주세요.
주님, 저희가 서로의 허물을 덮어 주는 가정으로 세워지길 원합니다. 주님의 품을 사모하며 서로를 지켜 주고 사랑하게 해주세요. 아가를 품에 안을 때마다 주님의 사랑을 들려주길 원하며 예수님의 이름으로 기도합니다. 아멘.

허물을 덮어 주는 자는 사랑을 구하는 자요 그것을 거듭 말하는 자는 친한 벗을 이간하는 자니라 잠 17:9

허물의 사함을 받고 자신의 죄가 가려진 자는 복이 있도다 시 32:1

노하기를 더디 하는 것이 사람의 슬기요 허물을 용서하는 것이 자기의 영광이니라 잠 19:11

너희 원수를 사랑하며 너희를 박해하는 자를 위하여 기도하라 마 5:44b

미움은 다툼을 일으켜도 사랑은 모든 허물을 가리느니라 잠 10:12

자장자장, 우리 아가

늘 평안히 잠들게 해주세요

"내가 평안히 눕고 자기도 하리니
나를 안전히 살게 하시는 이는 오직 여호와이시니이다."
시 4:8

사랑하는 아가야
포근한 엄마 배 속에서
푹 잘 자고 있니?
우리는 네가 태어나서도 매일 밤
기분 좋게 푹 잠들면 좋겠어
그래야 기분도 좋고 힘도 나고
무럭무럭 자라거든~

살다보면 잠이 오지 않는 밤이
걱정과 두려움과 함께 찾아오기도 하지만
우리 아가는 사랑하는 자에게 잠을 주시는
주님의 축복을 가득 누리게 될 거야

새근새근 잠자는 네 모습을 어서 보고 싶구나
네 곁에서 고요히 자장가도 불러주고
토닥토닥 다독이며
편안하고 행복하게 재워줄게

우리를 지켜 주시는 주님,

오늘도 저희 영혼육을 지켜 주시고 회복시켜 주셔서 감사합니다. 저희가 일상의 근심을 안고 잠자리에 들지 않도록 돌봐주시고, 태 안에서 아가가 평안을 느끼며 잘 쉬고 잘 자게 해주세요. 그의 평생에 평안히 잠들고 상쾌하게 일어나며 깊은 밤을 통해 피곤하고 지친 연약한 영혼육이 회복되게 해주세요. 하루의 마지막 시간을 다른 것에 마음 빼앗기지 않고 주님만 생각하며 행복하게 잠들 수 있도록 인도해주세요.

주님, 아가가 저희 곁에서 새근새근 잘 때에 얼마나 사랑스러울까요. 저희도 아가처럼 매일 밤 근심과 두려움 없이 주님 품에서 잠들게 해주세요. 저희를 위하여 졸지도 주무시지도 않으시는 주님을 더욱 의지하며 예수님의 이름으로 기도합니다. 아멘.

네가 누울 때에 두려워하지 아니하겠고 네가 누운 즉 네 잠이 달리로다 잠 3:24

이스라엘을 지키시는 이는 졸지도 아니하시고 주무시지도 아니하시리로다 시 121:4

여호와께서 그의 사랑하시는 자에게는 잠을 주시는도다 시 127:2b

이는 내가 그 피곤한 심령을 상쾌하게 하며 모든 연약한 심령을 만족하게 하였음이라 하시기로 내가 깨어 보니 내 잠이 달았더라 렘 31:25-26

널 생각하면 다 견딜 수 있어

생명의 기쁨을 누리게 해주세요

"여자가 해산하게 되면 그 때가 이르렀으므로 근심하나
아기를 낳으면 세상에 사람 난 기쁨으로 말미암아 그 고통을
다시 기억하지 아니하느니라." 요 16:21

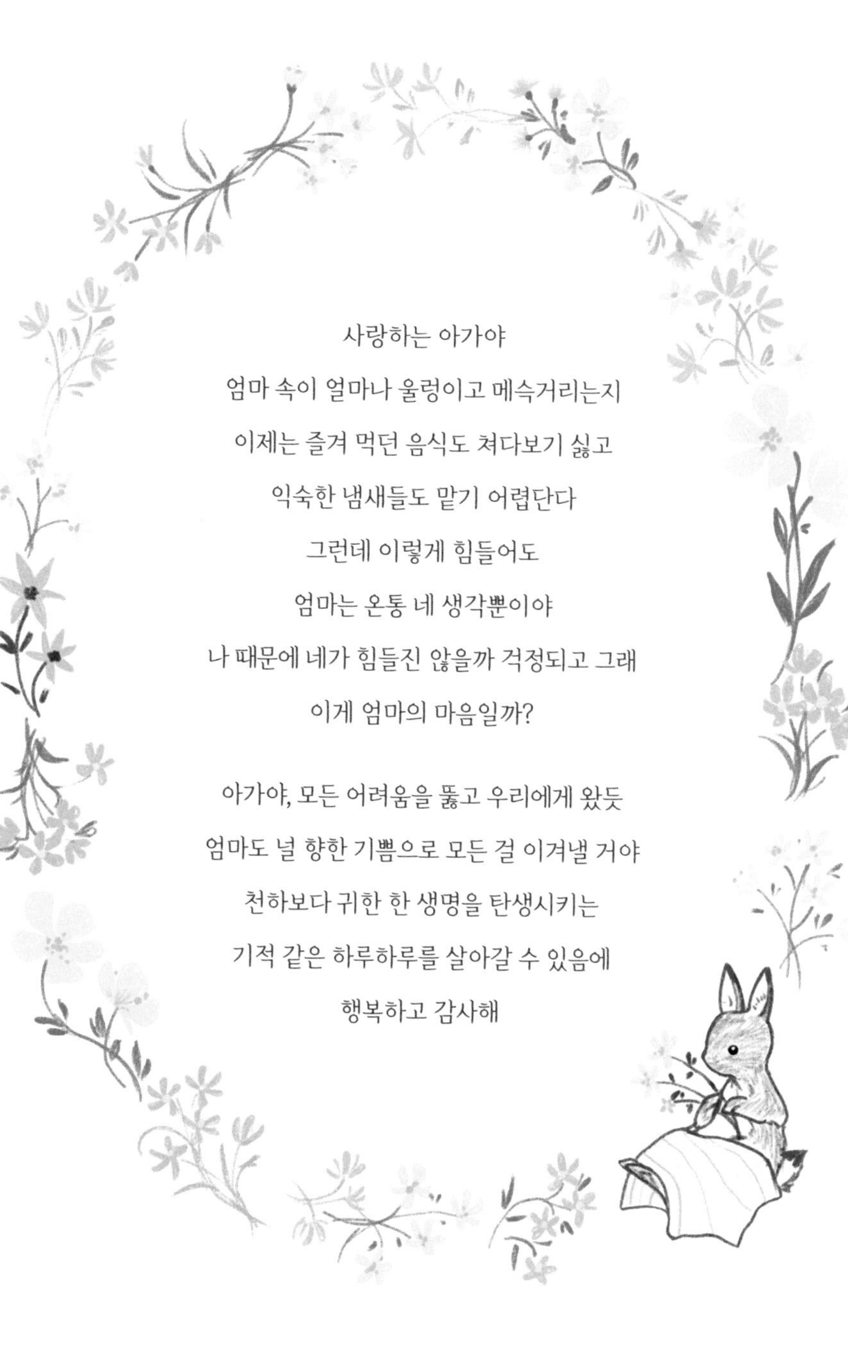

사랑하는 아가야

엄마 속이 얼마나 울렁이고 메슥거리는지

이제는 즐겨 먹던 음식도 쳐다보기 싫고

익숙한 냄새들도 맡기 어렵단다

그런데 이렇게 힘들어도

엄마는 온통 네 생각뿐이야

나 때문에 네가 힘들진 않을까 걱정되고 그래

이게 엄마의 마음일까?

아가야, 모든 어려움을 뚫고 우리에게 왔듯

엄마도 널 향한 기쁨으로 모든 걸 이겨낼 거야

천하보다 귀한 한 생명을 탄생시키는

기적 같은 하루하루를 살아갈 수 있음에

행복하고 감사해

생명의 주관자 되시는 주님,
새 생명을 통하여 저희에게 엄마아빠라는 새 이름을 주셔서 참 감사합니다. 생명보다 귀한 아가를 저희의 소유가 아닌 주님의 자녀로 아름답게 키워갈 수 있도록 하늘의 지혜와 성령의 충만함을 부어 주세요.
주님, 저희 삶의 많은 변화 가운데 저희 마음과 생각을 지켜 주시고 모든 어려움에서 건져 주시길 간구합니다. 입덧으로 괴로운 이 시간, 주님의 평안과 생명을 품은 기쁨을 놓치지 않도록 도와주세요. 아가를 만날 날을 소망하며 육체의 어려움을 잘 견딜 수 있도록 힘을 주시고, 아가에게 아무 부족함이 없도록 영양분을 채워 주세요. "너와 태중의 아기도 복이 있도다"라고 하신 축복 가운데 힘 있게 일어나길 원하며 예수님의 이름으로 기도합니다. 아멘.

생각하건대 현재의 고난은 장차 우리에게 나타날 영광과 비교할 수 없도다 피조물이 고대하는 바는 하나님의 아들들이 나타나는 것이니 롬 8:18-19

지금은 너희가 근심하나 내가 다시 너희를 보리니 너희 마음이 기쁠 것이요 너희 기쁨을 빼앗을 자가 없으리라 요 16:22

큰 소리로 불러 이르되 여자 중에 네가 복이 있으며 네 태중의 아이도 복이 있도다 눅 1:42

우리는 사랑의 줄로 하나 되었단다

탯줄로 강하게 이어주세요

"나의 자녀들아 너희 속에
그리스도의 형상을 이루기까지 다시 너희를 위하여
해산하는 수고를 하노니." 갈 4:19

사랑하는 아가야

우리가 서로 탯줄로 연결된

신비하고 경이로운 이 순간을

어떤 말로 다 표현할 수 있을까

우리를 이어주신 참 좋으신 하나님께 감사드려

아가야, 주님은 우릴 위해

세 개의 탯줄을 예비해주셨단다

너와 하나님을 이어주는 영혼의 탯줄 하나

너와 나를 이어주는 생명의 탯줄 하나

육의 탯줄 끊어질 때

너와 나를 이어주는 사랑의 탯줄 하나

이렇게 평생 이어주신 은혜 안에서

우리는 네가 그리스도의 형상을 이루기까지

해산하는 수고를 멈추지 않을 거야

우리를 택하여 주신 주님,

저희를 주의 사랑으로 하나 되게 해주셔서 감사합니다. 출산하는 그날까지 아가와 연결된 탯줄이 그 역할을 잘 감당하게 해주시고, 아가에게 해로운 것이 전해지지 않도록 보호해주세요. 가장 좋은 탯줄의 길이와 위치, 그리고 양수도 넉넉히 주셔서 안전히 출산할 수 있도록 인도해주세요.

주님, 아가가 그리스도의 형상을 이루기까지 저희가 해산하는 수고를 멈추지 않길 원합니다. 잘못을 징계하되 정죄감과 죄책감에 시달리지 않도록 모든 일을 사랑으로 행하게 해주시고, 항상 믿음과 사랑과 거룩함에 거하도록 인도해주세요. 아가로 말미암아 즐거움이 끊이지 않길 소망하며 예수님의 이름으로 기도합니다. 아멘.

내가 밤낮 간구하는 가운데 쉬지 않고 너를 생각하여 청결한 양심으로 조상적부터 섬겨 오는 하나님께 감사하고 딤후 1:3

의인의 아비는 크게 즐거운 것이요 지혜로운 자식을 낳은 자는 그로 말미암아 즐거울 것이니라 잠 23:24

그러나 여자들이 만일 정숙함으로써 믿음과 사랑과 거룩함에 거하면 그의 해산함으로 구원을 얻으리라 딤전 2:15

네 자식을 징계하라 그리하면 그가 너를 평안하게 하겠고 또 네 마음에 기쁨을 주리라 잠 29:17

은혜의 풍성함으로 덮어 주실 거야

주의 은혜로 호위해주세요

"여호와여 주는 의인에게 복을 주시고
방패로 함 같이 은혜로 그를 호위하시리이다."
시 5:12

사랑하는 아가야
네 소중한 몸을 덮고 있는 태지는
엄마 배 속에서 네가
잘 자라도록 도와준단다
나쁜 세균이 공격할 때는 방패가 되어 주고
네가 세상에 나올 때는 갑옷이 되어 줄 거야

태지가 널 지켜주고 보호해주듯 네 평생에
주의 신실하심이 네 삶의 방패가 되고
주의 진실하심이 네 삶의 갑옷이 되길 축복해

하나님께서 어미 새가 알을 품듯
널 포근히 감싸 안으시고 은혜로 호위해주시니
우리 만나는 그날까지
더욱 평안하자

은혜를 베푸시는 주님,

새 생명을 품고 이날까지 은혜로 인도해주셔서 참 감사합니다. 하루하루 기쁘고 설레면서 점점 악해지는 세상에서 어떻게 아가를 키워야 할지 걱정되고 두렵기도 합니다. 저희를 돌아보사 긍휼을 베풀어 주세요. 저희가 주님의 은혜를 기억하며 두려움 대신 믿음으로 나아가게 해주세요. 오직 주만이 아가의 영원한 피난처와 방패가 되어 주세요. 주의 천사들에게 명하사 모든 길에서 지켜 주시고 모든 질병과 재앙으로부터 보호해주세요.

주님, 아가의 온몸에 덮어 주신 태지를 통하여 주님의 완전한 보호하심을 경험하게 해주셔서 감사합니다. 그의 평생을 은혜의 태지로 덮어 주시고 호위해주시길 간구하며 예수님의 이름으로 기도합니다. 아멘.

너는 밤에 찾아오는 공포와 낮에 날아드는 화살과 어두울 때 퍼지는 전염병과 밝을 때 닥쳐오는 재앙을 두려워하지 아니하리로다 천 명이 네 왼쪽에서, 만 명이 네 오른쪽에서 엎드러지나 이 재앙이 네게 가까이 하지 못하리로다 오직 너는 똑똑히 보리니 악인들의 보응을 네가 보리로다 네가 말하기를 여호와는 나의 피난처시라 하고 지존자를 너의 거처로 삼았으므로 화가 네게 미치지 못하며 재앙이 네 장막에 가까이 오지 못하리니 그가 너를 위하여 그의 천사들을 명령하사 네 모든 길에서 너를 지키게 하심이라 시 91:5-11

새가 날개 치며 그 새끼를 보호함 같이 나 만군의 여호와가 예루살렘을 보호할 것이라 사 31:5a

우리 곧 건강하게 만나

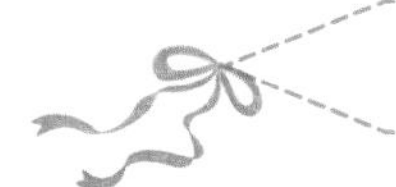

우리와 함께 하심을 믿어요

"사람이 자기의 아들을 안는 것 같이
너희의 하나님 여호와께서 너희가 걸어온 길에서 너희를 안으사
이곳까지 이르게 하셨느니라." 신 1:31

사랑하는 아가야
놀라고 어려운 순간도 많았지만
너를 품고 지낸 시간들을 되돌아보니
분명 주님께서 우리를 안으시고
여기까지 인도해주셨음을 느껴

이제 네가 태어나면 우리 삶에
엄청 많은 변화가 일어나겠지?
그러나 우리 하나님은 분명 이후로도
지금처럼 우리를 안아
삶의 모든 광야를 지나가게 하실 거야

아가야, 자 이제 준비됐니?
엄마와 함께 호흡을 잘 맞춰 보자
우리 어서 건강하게 만나자

여호와 이레의 주님,

40주 동안 저희를 품에 안아 여기까지 인도해주셔서 감사합니다. 아가와 온종일 동행하는 기쁨을 맛보게 해주신 은혜와 사랑을 힘입어 주께 더욱 가까이 나아가오니 주를 더욱 알고 경험하게 해주세요. 이스라엘 백성과 함께 하시며 장막 칠 가장 좋은 곳을 찾기 위해 먼저 길을 떠나셨던 주님의 사랑이 이제 이 세상을 살아갈 아가에게도 동일하게 부어지길 소망합니다.

주님, 출산의 모든 과정 가운데 함께 해주실 것을 믿고 더욱 의지합니다. 평안으로 붙들어 주시고 안전하게 순산하고 회복하도록 인도해주세요. 의료진들과 돕는 손길 위에도 지혜와 능력을 부어 주세요. 가장 좋은 것을 예비해주시는 여호와 이레, 주님의 이름을 높이며 예수님의 이름으로 기도합니다. 아멘.

너희보다 먼저 가시는 너희의 하나님 여호와께서 애굽에서 너희를 위하여 너희 목전에서 모든 일을 행하신 것 같이 이제도 너희를 위하여 싸우실 것이며 광야에서도 너희가 당하였거니와 사람이 자기의 아들을 안는 것 같이 너희의 하나님 여호와께서 너희가 걸어온 길에서 너희를 안으사 이 곳까지 이르게 하셨느니라 하나 … 그는 너희보다 먼저 그 길을 가시며 장막 칠 곳을 찾으시고 밤에는 불로, 낮에는 구름으로 너희가 갈 길을 지시하신 자이시니라 신 1:30-33

아브라함이 그 땅 이름을 여호와 이레라 하였으므로 오늘날까지 사람들이 이르기를 여호와의 산에서 준비되리라 하더라 창 22:14

하나님의 사랑은 누구도 끊을 수 없단다

믿음소망사랑으로 살게 해주세요

"누가 우리를 그리스도의 사랑에서 끊으리요."
롬 8:35a

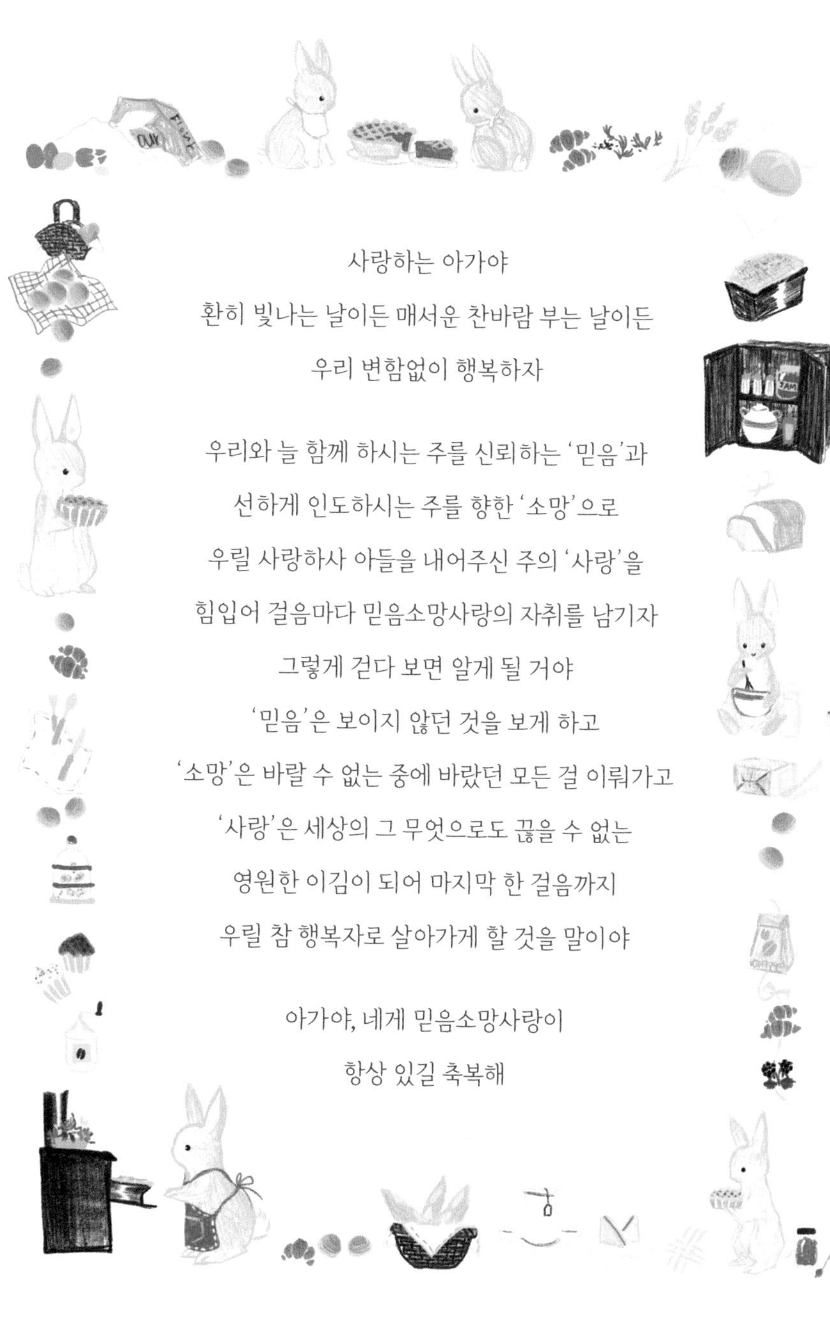

사랑하는 아가야
환히 빛나는 날이든 매서운 찬바람 부는 날이든
우리 변함없이 행복하자

우리와 늘 함께 하시는 주를 신뢰하는 '믿음'과
선하게 인도하시는 주를 향한 '소망'으로
우릴 사랑하사 아들을 내어주신 주의 '사랑'을
힘입어 걸음마다 믿음소망사랑의 자취를 남기자
그렇게 걷다 보면 알게 될 거야
'믿음'은 보이지 않던 것을 보게 하고
'소망'은 바랄 수 없는 중에 바랐던 모든 걸 이뤄가고
'사랑'은 세상의 그 무엇으로도 끊을 수 없는
영원한 이김이 되어 마지막 한 걸음까지
우릴 참 행복자로 살아가게 할 것을 말이야

아가야, 네게 믿음소망사랑이
항상 있길 축복해

믿음의 주요 온전케 하시는 주님,

지금까지 저희의 모든 간구를 들어주시고 가장 빛나는 생명의 말씀으로 아가를 품게 해주셔서 감사합니다. 저희가 아가를 믿음소망사랑으로 감싸고 이를 더욱 증거하며 살아가도록 이끌어 주세요.

주님, 아가에게 바랄 수 없는 중에 바라는 주를 향한 믿음을 허락해 주세요. 실패하고 낙심할지라도 모든 날을 합력하여 선으로 이끌어 주실 주를 소망하게 해주세요. 매서운 찬바람이 마음을 휘젓고 지나갈지라도 환난이나 위험이 두렵게 할지라도 주님의 사랑을 힘입어 넉넉히 이기게 해주세요. 죽음도 생명도 현재의 일도 장래의 그 어떤 일도 그리스도 예수 안에 있는 하나님의 사랑에서 끊을 수 없음을 선포합니다. 저희 가정에 믿음소망사랑이 항상 있고 그중에 사랑이 가장 빛나길 바라며 예수님의 이름으로 기도합니다. 아멘.

믿음은 바라는 것들의 실상이요 보이지 않는 것들의 증거니 히 11:1

아브라함이 바랄 수 없는 중에 바라고 믿었으니 롬 4:18a

누가 우리를 그리스도의 사랑에서 끊으리요 환난이나 곤고나 박해나 기근이나 적신이나 위험이나 칼이랴 … 그러나 이 모든 일에 우리를 사랑하시는 이로 말미암아 우리가 넉넉히 이기느니라 … 높음이나 깊음이나 다른 어떤 피조물이라도 우리를 우리 주 그리스도 예수 안에 있는 하나님의 사랑에서 끊을 수 없으리라 롬 8:35-39

육신의 생각은 하나님과 원수가 되나니 이는 하나님의 법에 굴복하지 아니할 뿐 아니라 할 수도 없음이라 … 우리가 소망으로 구원을 얻었으매 보이는 소망이 소망이 아니니 보는 것을 누가 바라리요 롬 8:7

당신은 참 좋은 아빠예요

"나는 선한 목자라
선한 목자는 양들을 위하여 목숨을 버리거니와."
요 10:11

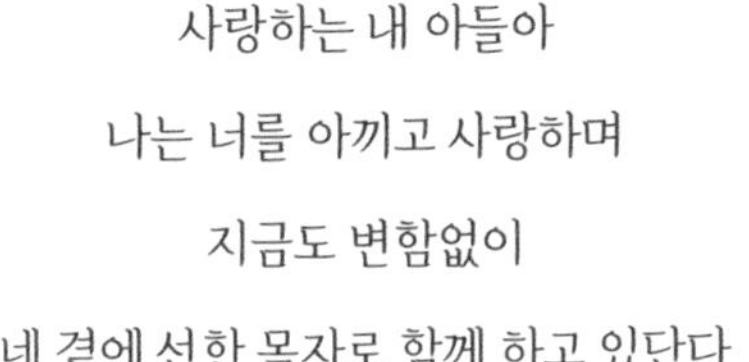

사랑하는 내 아들아
나는 너를 아끼고 사랑하며
지금도 변함없이
네 곁에 선한 목자로 함께 하고 있단다

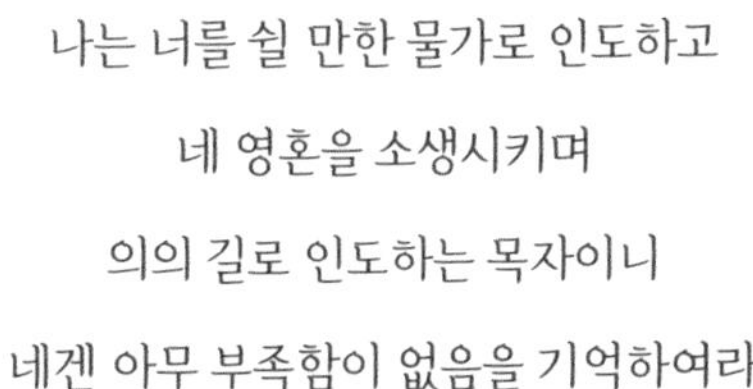

나는 너를 쉴 만한 물가로 인도하고
네 영혼을 소생시키며
의의 길로 인도하는 목자이니
네겐 아무 부족함이 없음을 기억하여라

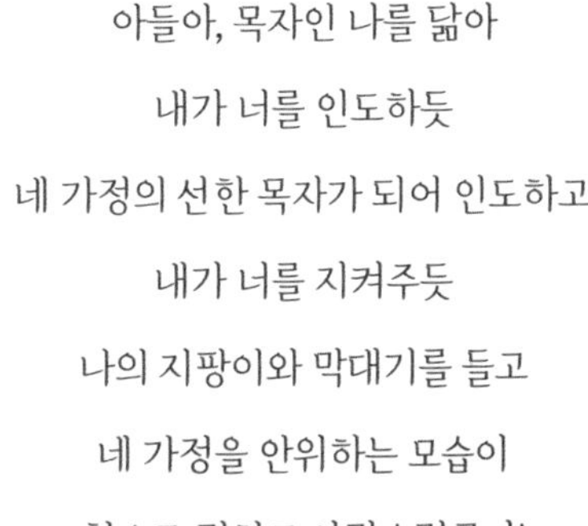

아들아, 목자인 나를 닮아
내가 너를 인도하듯
네 가정의 선한 목자가 되어 인도하고
내가 너를 지켜주듯
나의 지팡이와 막대기를 들고
네 가정을 안위하는 모습이
참으로 귀하고 사랑스럽구나!

선한 목자 되신 주님,

이 시간 사랑하는 남편을 위해 기도하게 해주셔서 감사합니다. 주께서 친히 그의 목자가 되어 주시니 그에게는 아무 부족함이 없음을 선포합니다. 이 시간 그의 곤한 영혼육을 푸른 풀밭에 누이시고 쉴 만한 물가로 인도해주세요. 사망의 음침한 골짜기로 다닐지라도 주님이 함께 하심으로 해를 두려워하지 않게 해주세요. 주께서 그의 원수의 목전에서 상을 차려 주시고 기름을 머리에 부으시니 그의 잔이 넘치는 것을 믿음의 눈으로 바라봅니다. 주님, 남편을 향하신 주의 선하심과 인자하심에 감사드리며 찬양합니다. 이토록 온유하고 신실한 이를 제 남편으로, 아이의 아빠로 세워 주심에 감사드리며 예수님의 이름으로 기도합니다. 아멘.

여호와는 나의 목자시니 내게 부족함이 없으리로다 그가 나를 푸른 풀밭에 누이시며 쉴 만한 물 가로 인도하시는도다 내 영혼을 소생시키시고 자기 이름을 위하여 의의 길로 인도하시는도다 내가 사망의 음침한 골짜기로 다닐지라도 해를 두려워하지 않을 것은 주께서 나와 함께 하심이라 주의 지팡이와 막대기가 나를 안위하시나이다 주께서 내 원수의 목전에서 내게 상을 차려 주시고 기름을 내 머리에 부으셨으니 내 잔이 넘치나이다 내 평생에 선하심과 인자하심이 반드시 나를 따르리니 내가 여호와의 집에 영원히 살리로다 시 23편

당신은 참 좋은 엄마예요

주님은 말씀대로 이루시는 분입니다

"그의 자식들은 일어나 감사하며
그의 남편은 칭찬하기를 덕행 있는 여자가 많으나 그대는
모든 여자보다 뛰어나다 하느니라." 잠 31:28-29

사랑하는 내 딸아
내 모든 말을 마음에 새기며
"말씀대로 내게 이루어지이다"라고
믿음으로 고백하는 네가 얼마나 아름다운지
얼마나 존귀한지 알고 있니?

오직 나만을 경외하는 너를 향하여
네 자녀는 일어나 네게 감사하고
네 남편은 너를 뛰어나다 칭찬하며
네 손의 열매는 하나도 떨어지지 않고
네게 풍성히 안길 거란다

은총을 받은 내 딸아
평안할지어다
내가 너와 함께 하노라!

말씀을 성취하시는 주님,

이 시간 사랑하는 아내를 위해 기도하게 해주셔서 감사합니다. 주의 모든 말씀은 능치 못하심이 없음을 고백하는 아내의 믿음이 얼마나 귀한지요. 날마다 그 영혼이 주를 찬양하며 그 마음이 구주 예수님을 기뻐하게 해주세요. 성령의 충만함 가운데 주의 복을 나누고 주의 축복을 받으며 복중에서 뛰노는 아가와 함께 주의 말씀을 선포하게 해주세요. 아내가 교만한 자를 흩으시고 비천한 자를 높이시는 주님의 돌보심과 긍휼하심을 입고 이 시간을 강건하고 평안히 지내도록 인도해주세요.

주님, 이토록 현숙하고 아름다운 이를 제 아내로, 아이의 엄마로 세워 주셔서 감사합니다. 평생 아내를 아끼고 사랑하리라 고백하며 예수님의 이름으로 기도합니다. 아멘.

엘리사벳이 마리아가 문안함을 들으매 아이가 복중에서 뛰노는지라 엘리사벳이 성령의 충만함을 받아 큰 소리로 불러 이르되 여자 중에 네가 복이 있으며 네 태중의 아이도 복이 있도다 내 주의 어머니가 내게 나아오니 이 어찌 된 일인가 보라 네 문안하는 소리가 내 귀에 들릴 때에 아이가 내 복중에서 기쁨으로 뛰놀았도다 주께서 하신 말씀이 반드시 이루어지리라고 믿은 그 여자에게 복이 있도다 마리아가 이르되 내 영혼이 주를 찬양하며 내 마음이 하나님 내 구주를 기뻐하였음은 그의 여종의 비천함을 돌보셨음이라 보라 이제 후로는 만세에 나를 복이 있다 일컬으리로다 눅 1:41-48

The LORD bless you
and keep you;
the LORD make his face shine upon you
and be gracious to you;
the LORD turn his face toward you
and give you peace.

여호와는 네게 복을 주시고
너를 지키시기를 원하며
여호와는 그의 얼굴을 네게 비추사
은혜 베푸시기를 원하며
여호와는 그 얼굴을 네게로 향하여 드사
평강 주시기를 원하노라

민수기 6:24-26